JN409490

무등산 복수초

현 대 수 필 가 1 0 0 인 선 II · 89

무등산 복수초

오덕렬 수필선

수필과비평사·좋은수필사

■책머리에

수필은 누구나 부담 없이 읽고, 마음만 먹으면 직접 쓸 수도 있는 가장 친근한 문학이다. 다른 영역의 문학이 영상매체에 밀려 신음하고 있는 중에도 수필 인구만은 날로 증가하여 바야흐로 수필 전성시대를 구가하고 있는 이유도 거기에 있을 것이다.

시대적 추세에 힘입어 수많은 수필전문지, 수필동인지가 창간되고, 이에 비례하여 신진 수필가도 날로 늘어나다 보니 이제는 그 많은 작가, 그 많은 작품 중에서 문학성 높은 작품을 가려 읽는 일이 쉽지 않게 되었다. 이런 현상은 작가에게나 독자에게나 결코 바람직한 일이 아니다. 더 나아가서는 수필을 연구하는 후세들에게도 큰 부담이 될 것이다.

이런 문제를 해결하는 데는 출판인도 마땅히 한몫을 감당해야 한다는 평소의 소신에 따라, 본사가 기꺼이 그 역할을 맡기로 했다. 그 첫 번째 사업으로 시대를 대표할 만한 수필가 100인을 선정하고, 작가가 자선한 40편 내외의 작품을 수록한 문고본을 발간하여 이를 널리 보급함으로써 그 소임을 다하고자 한다.

본사는 사명감을 가지고 이 사업을 추진해 나가기로 했다. 작가 선정을 전담할 편집위원회를 구성하고 전권을 위임하여 일체의 사적인 정실이나 청탁을 배제함으로써 전문성과 공정성을 확보해 나갈 것이다.

따라서 이 기획물 속에는 작가의 문학정신뿐만 아니라, 본사의 문학사적 기여 의지와 편집위원 제위의 수필문학에 대한 애정과 문인으로서의 양심이 함께 담겨 있음을 자부한다. 다만, 작가를 선정하는 기준에는 많은 견해의 차이가 있을 수 있고, 선정 과정에서도 미처 챙기지 못한 부분이 있을 것이라는 사실만은 인정하지 않을 수 없다. 이 점에 대해서는 관계자 여러분의 양해 있으시기 바란다.

이 시리즈의 발간 순서는 작가, 또는 본사의 사정에 의한 것일 뿐 그 밖의 어떤 기준도 적용하지 않았음을 밝힌다.

본 기획물이 시대를 초월한 많은 수필 애호가들의 관심과 애정 속에 우리나라 수필문학 발전에 한 이정표가 되기를 바랄 뿐이다.

본사에서는 이상과 같은 취지로 ≪현대수필가 100인선≫ 전 100권을 완간하여 큰 반향을 불러일으킨 바 있다.

그러나 우리 수필문단의 규모나 수필문학의 수준에 비추어 선정 작가를 100인으로 한정하는 것은 형평성이나 효율성 면에서 크게 부족하다는 의견이 많았고, 본사 또한 이를 통감하던 터라 기꺼이 ≪현대수필가 100인선Ⅱ≫를 발간하기로 했다.

본사의 충정에 찬동하여 출판에 응해주신 저자 여러분에게 진심으로 감사한다.

2014년 9월 일

수필과비평사 · 좋은수필사 발행인 서 정 환
현대수필가 100인선 간행 편집위원 박 재 식 최 병 호
정 진 권 강 호 형
오 세 윤

1_부

2_부

3_부

4_부

5_부

1부

自序 나의 수필은 무엇이 변했나

내 수필의 변곡점은 어디일까? 변곡점을 찍은 것은 꼭 7년 전이다. 그러니까 작품 「간고등어」가 이관희 평론가의 작품평을 받은 때가 되겠다. '방송문학상'에 수필이 당선되어 수필계에 얼굴을 내민 때로부터 꼭 35년이 지난 뒤였다. 그동안 몇 차례 작품평을 받아보기도 했지만 칭찬만 해준 주례사식 평이어서 그때는 속없이 기분만 으쓱하게 했다.

그런데 「간고등어」의 평은 달랐다. 심봉사가 깜짝 놀라 눈을 떴듯 '붓 가는 대로'의 신변잡기에 가린 수필의 백내장을 벗겨내고 번쩍 밝은 눈을 뜨게 만들었다. 평문에는 현대문학 이론에 의한 에세이의 개념을 "창작적인 변화를 허용"하는 일반 산문문학이라는, 처음 듣는 내용이 적혀 있었다. 그것만이 아니다. '형상적 문장',도 '창작 · 창작적인 에세이'

도 조연현 교수의 『문학개론』도 만나게 되었고, 다음 쪽에서도 신천지가 한없이 펼쳐지고 있었다. 문예사조, 아리스토텔레스의 시학, 플롯론, 이야기는 주제의 창조적 전달법이라는 등….

이런 창작수필의 세계가 있단 말인가? 곧 공부를 시작했다. 얼마 후 창작의 놀이 공식이랄 수 있는 〈이것 저것 놀이〉를 이해하게 되면서 창작수필에 대한 눈이 밝아지기 시작했다. 어떤 청년이 사랑하는 여인에게 '그대는 나의 꽃'이라 했다 하자. 여기서 원관념인 '이것'은 '그대'이고 보조관념인 '저것'은 '꽃'이 아닌가. 보조관념인 '꽃'으로 원관념인 '그대'를 그려냈으니, 즉 '그대'를 '꽃'으로 변용시켜 존재론적 변화를 일으켰으니 창작이 아닌가. 즉 조물주가 창조한 꽃에 '그대 꽃'이 보태지게 되어 '존재의 총계에 부가'하는 창조적인 문학이 되었다는 말이다.

내 수필은 창작론과 만나면서 주제를 보조관념으로 그려내려고 – 형상화하려고 – 고심하고 있다. 그러니까 내 수필은 사실의 어떤 소재에서 길어낸 하나의 주제를 형상화한 것이라 하겠다.

목련

해거름에 밖으로 나갔다. 강둑에 늘어선 목련이 유백색 피부를 드러냈다. 둑길은 희미하게 밝아 목련 빛이었다. 잎보다 꽃이 먼저 피어나는 목련, 시를 좋아하던 그미*도 꽃망울 속에서 어렴풋이 나타났다. 달빛 흐뭇한 밤이면 아파트 벽에 그린 목련도 미소를 머금었다. 강둑을 걷는 발걸음은 가벼웠다.

봄바람은 아직도 찼다. 바람은 아가씨의 품속을 파고들었다, 조붓한 어깨를 스쳐 앙가슴으로 흐르는 봄기운을 따라. 장난꾸러기 춘풍에 움츠리는 쌍글한* 얼굴은 마음을 쿵쿵거리게 했다.

가녀린 목련은 꽃샘추위에 기어이 멍이 들고 말았다. 연한 꽃잎은 가장자리부터 상한 사과 빛이 되었다. 아픔을 속으로 삼키다 지친 각혈 같았다. 떠나버린 첫사랑의 빛깔일까. 활짝 피지도 못하고 그만 지고 만 목련꽃. "병풍에 그린 닭이 홰를 치고 울더라도" 손을 꼭 잡았어야 했는데…. 그날 이후 긴 그리움은 시작되었다.

떠나버린 첫사랑은 목련꽃 속에서 하양새로 너울거렸다. 피어나는 꽃망울은 새촘한 소녀였다. "기회는 날으는 새와 같다." 그 한 마디 남기고 날아가 버린 소녀. 순결하고 싱싱하던 목련 한 송이는 마음속의 영원한 아름다움으로 깊어갔다.

언젠가 동아리 모임이 끝나고 둘이는 대학 쪽으로 발길을 옮겼다. 교정에는 목련이 곱게 피어 있었다. 도데의 「별」을 얘기하며 걷다가 꽃그늘에서 눈이 마주쳤다. 소녀의 볼은 솜털이 보송보송 고왔고, 두 눈은 숱 많은 눈썹 밑에서 별처럼 반짝였다. 마음이 붉어져 어찌할 바를 모르다가 '꽃망울이 곱다.'며 눈길을 바꾸었다. 순간 소녀는 내 마음의 꽃으로 와락 안겨왔다.

목련은 겨우내 검은색으로 까맣게 죽어 살았다. 언제나 숨을 쉬려나, 기척 없는 얼굴을 들여다보고 또 보고…. 경칩이 지나고 또 며칠이 더 지났다. 담장 밑에서 가지마다 꽃망울이 부풀기 시작했다. 봄바람이 찾아와 '봄이야 봄.' 하고 속삭였나 보다.

화심은 매서운 된바람을 이겨내느라 섬모纖毛에 싸여 지

냈다. 섬모는 비로드보다 부드럽지만 속은 돌보다 단단했다. 매운 속마음을 본다. 꽃망울이 커지면서 껍질을 깨야 했다. 허물을 왕관처럼 쓰고, 망울은 살이 째지는 아픔을 겪었다. 탈각의 의식을 마치고 피어나는 목련은 이제 돌아와 신부가 되리라 마음을 내었을까.

봄은 서서히 무르익었다. 우윳빛 가슴을 내보이며 나타나는 아가씨. 목선 고운 세일러복 그미가 유백색 드레스를 걸치고 나를 향해 걸어오고 있다, 3월의 신부가 되어.

---

* 그미 대 '그녀, 그 애'의 방언(전라).
* 쌍글하다 형 '쌍그렇다'의 방언(전라).

봄

안개 자욱하고 하늘은 잿빛으로 야트막하게 내려앉습니다. 날씨에 민감한 봄꿈들도 텃밭에서 꼼지락꼼지락 새날 준비에 바쁜 아침나절입니다. 소식이 들고나는 고샅은 새 생명이 태어나는 새벽처럼 두세두세*합니다. '으응, 누가 있나.' 주위를 두리번거렸으나 아무도 없습니다. '환청일까, 아니야, 계절 탓이겠지. 땅의 숨결일까, 아니 대지大地가 봄을 출산하려는 기미인가….' 이런저런 생각을 합니다.

날씨가 풀리면서 응달의 눈도 녹고, 땅은 해동이 되었습니다. 텃밭은 산모의 얼굴처럼 푸석합니다. 지난 엄동이 힘겨웠나 봅니다. 고통 없이 새날을 맞을 수는 없는 일일까요. 흙을 자근자근 밟아줍니다. 부풀어 오른 땅에 땅심을 받게 해 준 것입니다. 어린 싹들은 자칫 뿌리가 들려 있기 마련입니다. 마음밭도 걱정은 마찬가집니다.

밭귀의 고매古梅는 인간에게 불매향不賣香을 말하려나 봅니다. 어김없이 사방으로 번은 가지에 꽃망울이 망울망울 튀밥처럼 붙어 있습니다. 생명의 신비! 경이의 생명들이 당싯거립니다. 거룩한 그 모습 앞에 경건한 마음으로 손을 모둡니다.

자세히 보니 이슬방울도 방울방울 맺혀 있습니다. 꽃망울과 나란히 앉은 걸 보면 꽃망울의 대반對盤을 앉은 것입니다. 새 사람 먼 길 오시는 길에는 마중하고 반기는 이가 있기 마련인가 봅니다. 마른 가지에 물오르고, 부끄럼처럼 몽오리가 벙급니다. 톡 터지는 환희의 비밀을 간직한 꽃망울과 인접을 자청한 이슬방울은 서로를 닮으려 합니다. 꽃망울은 이슬방울 속에 굴절되어 비칩니다. 이슬방울 속에 고운 꽃봉오리는 예술의 세계로 드리워집니다.

앙증스런 모습에 눈 감으니 어느새 매화꽃 만발합니다. 고샅엔 꽃구름 피어나고 벌들은 봄 잔치에 분주합니다. 꽃보다 많은 벌들이 한 꽃술에 두 마리가 부산을 떨고 있기도 합니다. '부웅 부웅' 웅성거리는 소리에 고샅길은 터질 듯 좁기만 합니다. 꽃잎 두세 닢 하롱하롱 날립니다. 길 따라 퍼지는 암향! 부동浮動하는 향기 따라 눈을 들어 앞산을 봅니다. 아롱아롱 아지랑이 뜨는 언덕의 야색은 온전히 춘색으로 일색입니다.

지난가을 된서리에 일시에 떨어진 노란 은행잎은 참 고왔습니다. 자연의 이법을 생각게 했습니다, 잎이 나고, 열매 맺고, 낙엽이 지는. 노란 잎사귀의 무한한 디자인 솜씨를 감탄하다가 갈퀴로 긁어모아 텃밭을 덮었습니다. 상추, 시금치, 아욱 등의 겨울을 나야 하는 씨앗을 넣은 뒤였습니다. 일부를 남겨 매화나무 밑동도 덮었습니다. 된서리가 몇 차례 더 치더니 눈이 내려 쌓였습니다. 겨울은 그렇게 시작되었고…. 눈 속의 은행잎은 해와 달과 바람에게서 낙엽귀근을 배우며 자연에 순응했습니다.

눈이 녹고 안개비 장만하자 땅속은 부산해졌습니다. 땅으로 스며든 온갖 가을 모습들은 봄의 형상과 색깔과 향기로 태어나려는 것입니다. 산허리에 안개구름 내려앉고, 꾸무럭한 날씨는 자연도 밀회하기 좋은 때인가 봅니다. 드디어 하늘과 땅은 춘정에 겨워 비를 내리고, 만물은 생명을 탔습니다. 천지에 봄 향기 가득하고 텃밭의 새싹들도 오보록이 파랗습니다.

재를 넘고 산모롱이를 돌아 안개 속에 언뜻언뜻 모습을 나타낸 사람! 두런거리며 찾아온 손님은 봄이었나 봅니다.

---

* 두세두세 [부] 여럿이 나지막한 목소리로 서로 조용히 이야기하는 소리. 또는 그 모양. ⇒ 규범 표기는 '두런두런'이다.
* 꾸무럭하다 [형] '날씨가 흐리다'의 방언(전남).

애쑥

들길로 접어들자 밭두렁의 애쑥이 방싯거리며 말을 걸어온다. 언제 봐도 살갑게 다가오는 쑥. 한곳에 뿌리를 내리고 함께 모여 사는 모습이 농경사회를 생각나게 한다.

나들이 나온 애쑥 잎에는 방울방울 우주가 맺혔다. 잎의 뒷면에 붙은 자잘한 흰 털의 약효까지 비춰주는 신비로운 세계였다. 애쑥은 '나는 식용이오.' 말하고는 부끄러운지 작은 입을 보르르 떤다. 봄이 지나면 또 '나는 이제 약용이오.' 아뢸 순진성에 고개를 연신 끄덕였다.

새터도 가리지 않고 강인한 생명력으로 쑥쑥 자라 집안을 넓혀가는 모습이 여간 미덥지 않다. 오늘도 마른 풀섶에서 봄 햇살을 받으며 제들끼리 오손도손 봄나들이 나온 양이 부럽기도 하다.

사람보다 먼저 살았던 신화 속의 식물. 단군신화에 나오는 그 쑥이다. 쑥은 보릿고개를 넘겨주었고, 전쟁 통에는 사람을 살려낸 구황식물이었다. 불타버린 학교 터에서도 허물어진 집터에서도 쑥쑥 자라 우리를 살려냈던 쑥을 생각하면 어머니 생각이 앞선다.

논농사를 지을 때였다. 어머니는 서울로 무작정 떠난 당질을 늘 걱정하셨다. 시골에서 서울 간 사람과 나눠 먹을 거라고는 농사지은 쌀뿐. 식구 식량도 모자란 쌀을 퍼내서 부치기란 쉽지 않은 일이었다. "벌이도 없이 얼마나 고단할그나." 지금처럼 택배도 없던 때 이고지고 힘겹게 부치고 하신 말씀이었다.

어머니의 어머니는 웅녀. 이 땅의 모든 어머니들이시다. 참고 견디며 만리장성보다 길고 험한 보릿고개를 넘을 수 있었던 것은 어머니들의 심성 덕이었다. 지금이야 맛맛으로 먹는 쑥버무리·쑥전·쑥떡·쑥국에서도 고마움을 느낀다. 그뿐이 아니다. 쑥차·쑥즙, 쑥뜸, 그리고 여름이면 모깃불 쑥까지…. 인간을 이롭게 하는 데 으뜸이 아니겠냐고 애쑥의 얘기는 자분자분 끝이 없다. 거창하게 홍익인간을 말하지도 않는다. 삶의 터전에서 다른 봄나물들과 어울려 자라는 것을 내세우는 애쑥이다. 해동이 덜 된 밭의 냉이도, 쑥부쟁이와 씀바귀도 애쑥과 어울려 입맛을 돋우는 나물들이다.

봄나물들은 향으로 겨울을 이겨내고 봄을 맞은 사연들을 들려주곤 했다. 쑥국은 말갛게 끓여야 향도 맑다. 냉잇국은 봄 미각의 첫손으로 꼽는데, 뿌리도 함께 넣어야 참다운 맛이 우러난다고 귀띔이다. 언 땅에 닿아서 시래기가 다된 전닢*도 데치면 엽록소가 살아나 파랗다. 쑥부쟁이는 향이 옅고 담백한 맛을 자랑하고, 씀바귀는 너무 쓰다. 함께 섞어 무쳐내야 잘 맞는 음식 궁합이 된다. 봄나물들도 함께 살아가는 이웃사촌. 제각각 향으로 끈질긴 생명력을 자랑한다.

나는 어떤 향으로 수많은 봄을 맞았을까. 애쑥은 어머니 마음으로 새봄만 맞으라 하는 것 같다. 사람들은 타성바지 없이 자작일촌으로 모여 살아도 티격태격 살아가기 일쑤 아니던가. 이웃과 의좋게 살려면 애쑥 같은 가녀린 마음의 배려가 따라야 하는가. 쑥처럼 의좋게 이웃과 살아가는 것도 여간 다행한 일이 아닐 수 없다.

봄비 오는 날 하늘은 야트막하게 내려앉아 큰 우산이 된다. 우산에는 '두둑 두둑' 빗방울이 흐르고, 나는 밭두렁에서 애쑥 같은 여인을 생각한다. 어머니가 '응, 나다.' 하시며 오시는 게 아닌가.

---

* 전닢 명 '채소 따위의 엽록소가 노랗게 변해가는 오래된 겉잎'을 이르는 방언(전남). ☞ 『우리말샘』의 방언으로는 미등재.

얼굴

그미의 얼굴엔 늘 화기가 돌았다. 천의 얼굴을 가진 그미를 대하는 것은 예술적 쾌락이었다. 그러나 함부로 범접하기 어려운 아우라가 있는 건 사실이었다. 좋아하는 마음만으로도 설렜다. 늘 그미를 생각하며 바람이 들기 시작했다. 늦바람이 난 것이다. 어쩔 수 없이 그미와 열애에 빠지고 말았다. 차츰 그미의 마음을 읽어갔다. 그미의 환심을 사기 위해 나는 다짐했다. '늘 상상하자! 밥 먹듯이….' 삼라만상이 다 소재다. 플롯론을 떠올리며 현실의 소재인 '이것'을 가지고 '저것'이란 옥동자의 얼굴을 봐야지. 얼굴은 문장으로만 표현하여 형상적 존재여야 하고, 그 형상은 '존재의 총계에 부가'해야 한다는 것이 현대문학의 이론이다.

이렇게 그미의 환심을 사기는 여간 까다로운 것이 아니

었다. 요 몇 년 동안 면벽 수양을 한 달마대사를 생각했다. '뜻 있는 곳에 길이 있다'. 두드리고 두드려 어렴풋이 그미가 좋아하는 하나의 길을 보았다. 〈이것 저것 놀이〉와 〈5줄 형상화 연습〉이 그것이었다. 이것만이 현재로서는 그미의 마음을 사로잡을 수 있는 지름길로 믿었다.

그미는 어느 날 가계家系의 이야기를 들려주었다. 시조는 몽테뉴요, 파조派祖는 찰스 램이며, 한국에 들어온 것은 갑오경장 때쯤일 거라 했다. 시조와 파조는 하는 일, 즉 직능을 달리한다고 말했다. 몽테뉴 에세이의 직능은 '토의'하는 일이요, 찰스 램의 창작 · 창작적 에세이의 직능은 〈창작〉하는 일이었다. 몽테뉴는 '사실의 소재 형식'이란 문학의 길을 가고, 찰스 램은 '허구적 사실의 소재 형식'이란 또 다른 문학의 길을 걷는다. 이 둘의 관계는 우열의 관계가 아니고, 상보 관계로 보아야 오해가 없다. 단지 파조는 시조로부터 태어나 진화했다고 보면 좋다. 형제도 딴살림을 나서 솥단지를 따로 걸면 사는 모습이 달라지듯 두 분은 쌍갈랫길을 각자 가고 있으니 얼굴 모습이 달라질 수밖에….

한국에서 지어준 이름에는 한국에서의 삶을 담은 얼굴로 나타났다. 즉, '시적 정서의 산문적 형상화'를 그미의 속마음, 즉 정신이라 한다면, '소재에 대한 비유(은유 · 상징) 창작 + 서사 구성법'은 그미의 나신, 즉 육체를 보는 것이라고나 할까. 그미는 시와 소설을 아우른 제3의 창작 문학인 것이다. 이 사실을 밝혀주는 데는 파조로부터 90여 년의 세월의 물살이 지난 뒤였다. 자기를 알아주는 한국에서 제 삶을 꽃피우기로 한 그미는 '창작에세이'였다. 그러니 열애 중에 태어난 옥동자들은 모두 창작품으로 보아야 하겠다.

'수필의 현대문학 이론화'의 길은 아직 깜깜하다. 어둡기만 한 이 큰길에 한 점 불빛을 밝힌 작가 – '창작에세이'의 발견자요, 이론 창안자인 이관희 –가 있다. 나는 별빛을 찾아가는 사막의 낙타처럼 묵묵히 한길을 걷는 그분과 동행하기로 했다.

이 책은 함께 걸으며 나눈 대화에 기초를 두었다. 서툰 행적이지만 내 삶이 담긴 현재의 내 얼굴이다. TV에서 보면 첫 출연자는 어딘가 딱딱하고 어색하다가 곧 세련되는 것을 본다. 나도 그런 노력을 할 것이다. 다만 같은 길을 걷는 분들과 함께 모으는 한 점 별빛이기를 바란다.

조춘早春 3제

① 골짝 물

유치원에 들어간 손주가 왔다.
벌써 스마트폰 게임에 정신이 없는 녀석에게 끼어들었다.

"태석아, 도룡뇽 보러 가자."
말이 떨어지자, 혹하고 설레발을 놓는다.
지난해 봄
미나리 뿌리에 묻어온 흐물흐물한 알집 속의 까만 점 하나에서
도룡뇽 새끼 한 마리가 태어났다
그렇게 신기해 할 수가 없었다

골짝 물은 푸른 숲속 맑은 하늘 아래
하얀 풀뿌리가 머금었던 청수清水!
언제나 맑고 푸르게 흐른다
속까지 훤히 보이는 골짝 물!
꼭 손주들 마음이다
참, 동심童心은 천심天心이라지

도롱뇽이 살았던 곳을 가기도 전에
골짝의 웅덩이 물속에는 피라미들이 놀고 있다.

"저깄다, 있다!"

피라미와 눈을 맞춘 순간 소리와 함께 물속으로 무질금 뛰어든 녀석

옷 걱정 없는 동심과 투명한 골짝 물, 피라미가 다리 놓아 영락없는 친구 되고…

골짝 물은 뒤돌아보며 술래야 '나 찾아 봐라!' 졸졸졸 노래하며 흐른다

골짝 물은 동심이다.

② 병아리 떼

돌담길에는 노란 병아리 떼가 마른 가지를 쪼고 있다
서시천을 흐르는 물그림자도 노랑 병아리들뿐이다
쟁기로 갈아엎은 논배미에 서성이는 병아리 떼들…

울타리에서
언덕에서
논밭에서
산자락에서
길가에서
잎보다 먼저
마른 가지를 쪼는 노란 병아리 떼….

가지마다 송이마다 십여 꽃자루에
앙증맞은 노랑 병아리 떼
꽃술되어 방사형으로 펴졌다
삐약삐약 병아리 떼 봄꽃 찾는가…
노랑 병아리 떼, 발걸음 바쁘다

구례 산동의 산수유꽃 마을엔 일제히
노란 병아리 떼의 축제가 한창이다
산수유꽃은 노란 병아리 떼다.

* 서시천西施川: 전라남도 구례군 산동면을 거쳐 흐르는 섬진강의 지류.

③ 매화꽃

섬진강매화마을엔 난리도 이런 난리가 없다.
사방 천지가 온통 매화꽃 세상이다.
좁장한 매화로(路) 오십 리 길은 때 아닌 물난리를 겪고 있다.

활짝 핀 매화꽃은
도로를 덮고
마을을 덮고
야산을 덮고
논밭을 쓸어 덮었다.

산골짝에선 매화꽃이
폭포를 이루어 마구 쏟아진다.
이 골
저 골
폭포수가 합수하여 매화꽃 사태다.

지금
섬진강은 매화꽃 홍수로 넘실넘실 뒤뚱거며 흐른다.

아까시꽃

야! 오월이누나 향내다!

장승배기를 돌아서자 절로 나온 말이다. '어디쯤에 누나가 가고 있을까.' 새댁이 된 뒤로는 만남이 뜸했는데…. 이제 고향에서 만나기는 마지막일지도 모른다. 빛그린산업단지가 들어서기 때문이다. 벌써 여기저기에서 포클레인의 굉음이 퍼져나는 중에 곧 형체도 없어질 야산들이 헐떡거리며 따라오고 있었다. 고개를 돌려 힐끔 보니 산자락에 아까시 하얀 꽃이 봄 신부의 드레스같이 눈부시다.

아까시 꽃그늘에 멈춰 섰다. 젊고 싱싱한 아까시를 요모조모 살폈다. 보송보송한 솜털이 보르르 떨던 누나의 얼굴이 스쳐갔다. 지난주에만 해도 연록이던 잎이 주인공이었는데 지금은 꽃숭어리가 주인공이 되었다. 초봄의 새잎처럼 풋풋하던 누나가 봄의 끝자락에 탐스런 꽃으로 피어난 것일까.

누나가 새댁이 된 것도 몇 해 전 봄이었다. 새댁이 되자 동생에 대한 관심은 금세 달라졌다. 서운했지만 어쩌겠는가, 신랑에게로 쏠리고 만 관심을. 어찌 그리 마음을 한곳에 빼앗길 수 있단 말인가. 머시매꼭지*로서는 알 수 없는 신비감마저 들었다.

아, 이런 것인가? 원래 인간이 자웅동체였는데 둘로 나뉘었다는 말이 있지. 나뉜 반쪽은 다른 반쪽을 찾아 헤매다가 찾으면 끌어안는다고 했지. 그러니까 갈라지기 전의 온전한 상태로 돌아가고 싶어 한다는 것이다. 애초의 온전한 것에 대한 욕망과 추구를 에로스라고 부른다고도 했다. 언젠가 큰집 형에게 들은 얘기였다.

새댁은 신랑과 함께 아까시 잎자루의 양쪽 끝을 마주 잡는다. 잎자루의 양쪽에 여러 개의 작은 잎이 새의 깃 모양처럼 붙어 있어 우상 복엽羽狀複葉이라 한다지. 좌우에 마주 선 잎은 신랑이 되고, 신부가 된다. 인생의 계단을 오르는 '사랑놀이'를 할 참이다. 누나가 먼저 시작이다. 첫 번째 잎을 엄지와 검지로 만지며 뜰람, 두 번째 잎에서 '안 뜰람, 이렇게 뜰람, 안 뜰람을 반복하다가 마지막 잎에서 뜰람으로 끝나면 잎을 한 장 따낼 수 있다. 이어 같은 방법으로 신랑 차례다. 처음 시작을 직관으로 '뜰람이냐, 안 뜰람이

냐를 판단해야 한다. 이렇게 신랑신부가 교대로 아까시 잎이 다 떨어질 때까지 놀이는 계속된다. 인생의 계단을 오르기에도 적합한 놀이다. 누가 먼저 오른들 무슨 상관이겠는가마는. 나비 한 쌍 하늘을 날듯, 과정을 즐기는 썩 재미있는 사랑놀이인 것을….

방금 이슬 맞은 하얀 아까시 꽃처럼 청순한 누나였다. 동생과 맞잡았던 손은 이제는 신랑의 팔을 끼고 어색한 기색이 하나도 없다. 동네 어귀를 들어서는 모습은 걸음걸이부터 의젓했다. 풋풋한 풋향기였던 누나에게서 이제는 아까시 향기가 풀풀 났다. 향이 짙고 독특한 아까시꽃에는 벌·나비가 날아들 것이다.

오월은 계절의 여왕이라고들 말한다. 싱그러운 꽃잎으로 치장한 여왕을 여름으로 시집보낸 것일까. 오월의 이미지가 새댁이라면 유월은 뭣이 될까. 유월이 오면 잎의 빛깔도 칙칙해지고, 꽃이 진 자리에 열매가 앉으면서 새댁은 원숙한 여인이 될 테니 원숙한 여인쯤으로 해 둘까. 세월이 흘러도 웅숭깊은 누나의 변신은 어디에서든 계속될 것이고….

나는 한참 오월이누나 향내의 환상 속에 있었나 보다. 정신을 차려보니 아까시꽃그늘에 우리 내외가 서 있었다.

치렁치렁 늘어뜨린 아까시꽃자루는 오월의 새댁이 되어 함박웃음을 활짝 웃고 있다. 씨암탉 같은 엉덩이는 변신을 예고하면서….

*머시매꼭지 명 '사내아이'의 방언(전남). ☞ 『우리말샘』의 방언으로는 미등재.

삐비

어쩌다 혼자 장못재를 넘을 때는 한낮에도 뒤에서 다리를 잡아당기는 느낌이다. 그렇다고 뒤를 돌아볼 수도 없다. 길가 초분草墳에선 봄비라도 내리는 날엔 도깨비가 논다고 믿었기 때문이다. 맑은 날에 도깨비불이 없는 것은 땅속으로 빗물을 타고 내려간다고 믿었던 것이다.

하굣길이면 재를 넘기 전부터 도깨비가 산다는 도깨비방죽을 지나야 한다. 방죽 가 고목에서 뻗어난 버들가지는 도깨비가 당겼는지 활[弓]이 되어 있다. 수심은 천야만야 아무도 모른다. 하늘같이 퍼런 수면엔 몰*이 덮여 있고, 메*를 감을 때도 그쪽으로는 얼씬도 못한다. 두 다리를 쑤욱 잡아당긴다는 말에 벌벌 떨 뿐이다.

봄비 내리는 해름참*이면 파르스름한 도깨비불이 이리저

리 공동산*을 날곤 했다. 하나인가 하면 둘로, 넷으로, 순식간에 온 산이 도깨비불로 번졌다. 분산墳山에서 번쩍, 안산案山에서 번쩍, 재를 넘어 번쩍번쩍, 온 산이 도깨비불로 번쩍거렸다. 시공을 초월하는 것 같은 도깨비불…. 무서워 손으로 두 눈을 가려도 손가락 사이로 도깨비불만 번쩍거렸다.

도깨비방죽 둘레의 걸창 말뚝엔 널장이 받쳐 있었다. 송장이 담겼던 널[柩]을 떠올린 아이들은 무섭기만 하였다. 도깨비가 두 눈을 부릅뜨고 두리번두리번 사방을 살피면서 외다리로 춤을 춘다는 생각을 했다. 봄비가 버들가지에 구슬방울로 맺히면 도깨비들은 불놀이 재주를 부리기 시작했다. 날이 꾸무럭할 때나 보슬비가 내릴 때를 도깨비는 제일 좋아했다. 그러나 빗줄기가 굵어지면 도깨비불은 빗물과 함께 땅속으로 스며들고 만다.

해가 긴 봄날 하굣길 학동들의 불놀이도 시작되었다. "봄불은 도깨비불, 봄 불은 여시*불!" 학동들은 노래를 부르며 학교 앞 들판으로 내달았다. 논둑에 불을 놓자 바람을 타고 도깨비불처럼 번졌다. 한 패는 불을 지르고, 다른 한 패는 불을 끄는 학동들의 하굣길 불놀이는 논둑에서 시작하여 장못재까지 이어졌다. 재에는 마른 띠풀이 많았다. 여기에 불을 놓으니 새빨간 불기둥이 솟아 도깨비불처럼 공중으로 날았다. 겁이 났다. 눈썹을 태우며 생솔가지로 불길을 겨우 잡았다. 남은 불티는 연기를 따라 하늘로 오르고, 아지랑이는 고갯길에서 아롱아롱 피어났다. 도깨비불 같았다. 수극화水剋火라 하여, 결국에는 불은 물을 이기지 못한다는 할아버지 말씀이 떠올랐다. 비만 오면 도깨비불 기운이 모두 땅속으로 스며들 거라고 생각했다.

며칠 뒤였다. 밤새 내리던 봄비는 아침이 되자 개고, 또 며칠이 지났다. 산과 들에는 산뜻한 새싹들이 돋아났다. 봄날 학동들의 간식거리인 삐비*도 새싹들과 함께 돋아났다. 유독 불을 놓았던 장뫼재 그 자리에서 새뜻하고 통통하게 솟아난 삐비들이 하굣길 학동들을 불러 세웠다.

이렇게 불을 놓았던 장뫼재 언덕길 띠밭에는 삐비가 지천으로 돋았다. 학동이었던 나는 하굣길에 삐비를 뽑아 주머니가 빵빵하게 담았다. 빗물과 함께 땅속으로 스며든 도깨비불이 삐비로 돋아난 거라고 생각했다.

---

* 몰 명 '모자반'의 방언(전라).
* 메 명 '목욕'의 방언(전라).
* 해름참 명 '해거름'의 방언(전라).
* 공동산 명 '공동묘지'의 방언(전남).
* 여시 명 '여우'의 방언(강원, 경남, 전라, 제주).
* 삐비 명 '삘기(띠의 애순)'의 방언(전라).

목매기

목매기는 올봄에 큰집에서 소년의 집으로 분가해 왔습니다. 목매기의 동그란 눈은 맑고 깊어, 껌벅거리는 동공 속에 온 세상이 살고 있습니다. 독새기*는 목매기가 가장 좋아하는 풀입니다. 소년은 오늘도 독새기를 베러 들로 나갑니다. 들에는 독새기풀*들이 '풀, 풀, 풀!' 상큼한 봄내음을 품어 냅니다.

보리테*에는 독새풀이 청보리와 도란도란 잘 자라고 있습니다. 소년은 조심조심 독새풀을 베다가 밭고랑으로 들어섭니다. 봄바람도 따라 이랑 사이를 지나갑니다. 부쩍 자란 청보리는 봄바람에 가슴을 서로 부비며* 배동을 서두릅니다. 누나의 가슴처럼 부풀어 오른 청보리는 제법 의젓합니다.

소년은 청보리밭에서 아늑한 분위기를 느낍니다. 어머니 품속 같기도 하고, 소꿉놀이 소녀와 함께 있는 기분 같기도 합니다. 배동을 시작한 동실동실한 청보리, 푸른 하늘이 둥그렇게 지붕이 되어주는 안온한 느낌, 뭐라 꼭 집어 말할 수 없는 애틋한 마음, 청보리 사이로 비춰드는 햇살의 속삭임, 목메기 동그란 동공에 어리는 그리움 같은 것이 그렇습니다.

소년의 심사를 알기나 한 듯 종다리 높이 떠서 '지리 지리 노고지리….' 노래를 합니다. 노래하던 종다리가 수직 강하, 보리밭에 꽂힙니다. 소년의 마음은 발걸음을 따라 그리로 갑니다. '푸두득' 종달새가 놀라 하늘로 내뺍니다.

청보릿대 사이의 동그란 둥지에는 알락달락한 알들이 이마를 맞대고 있습니다. 싱그러운 봄이 동글동글한 알 속에 모여 삽니다. 생명의 신비! 소년의 눈은 반짝반짝 빛납니다. 세상은 동그란 것 속에 담겨 있구나!

소년의 머리 위에선 어미 종다리가 불안한 노래를 흘려보냅니다. 마치 '손대지 말아요, 손대지 말아요.' 하는 것 같습니다. 소년은 얼른 밭고랑을 빠져나와 언덕 너머에 몸을 숨깁니다. 종다리는 곧 둥지로 내려앉았습니다.

언덕의 소년은 종다리 노래 따라 보리피리를 불어보고 싶습니다. 두리번두리번 어느 녀석을 뽑을까. 청보리밭에 들어섰습니다. 종다리가 또 뭐라고 지저귑니다. '지리 지리 노고지리, 지리 지리 노고지리….' 옆을 잘 봐! 네 옆에 깜부기가 말하잖아! 하는 것 같습니다. 소년이 고개를 돌리자 '나 뽑아라, 나 뽑아라, 몹쓸 보리 문둥이, 용천배기* 나 뽑아라.' 깜부기 모개가 말을 건네는 것입니다.

소년은 깜부기가 된 모개를 잡고 지그시 위로 힘을 주자, 쑤욱 뽑혀 나옵니다. 손톱으로 배를 가르고, 불어봅니다. '삐이 삐이' 바람이 부족한 듯합니다. 이리저리 정성을 모으자, 드디어 '필릴리 필릴리' 소리가 나기 시작합니다. 소년이 언덕에 앉아 보리피리 불면, 종다리도 높이 떠서 함께 '지지쫑 뱃쫑 지지쫑 뱃쫑' 노래를 합니다.

어느덧 동네 굴뚝에서 푸른 연기가 피어오릅니다. 나는 소년에게서 지난날을 추억하다가 함께 집으로 갑니다. 깔망* 속의 독새기도 목매기를 만나러 집으로 갑니다. 우리를 본 목매기의 눈은 빛납니다. '응, 어서 한입 달라고….' 나보다 먼저 소년이 깔 한 줌을 내밉니다. 목매기는 혀를 길게 빼고 감아갑니다.

소년인 나는 목매기 목덜미를 쓸어주다가 그의 맑은 두 눈과 마주칩니다. 외양간 목매기 송아지의 동공에 둥그런 하늘 밑 그리움들이 어리어 있습니다.

* 독새기 명 ⇒규범 표기는 '둑새풀'이다.(우리말샘)
* 독새기풀 명 '둑새풀'의 방언(전남, 충청). ☞『우리말샘』의 방언 지역에 '전남'은 미등재.
* 보리테 명 '논밭의 가장자리'를 뜻하는 방언(전라).
* 부비다 동 ⇒규범 표기는 '비비다'이다.(우리말샘)
* 용천배기 명 '문둥이'의 방언(전남, 충남). ☞『우리말샘』의 방언 지역에 '전남'은 미등재.
* 깔망 명 '꼴망, 꼴망태'의 방언(전남)

2부

〈이것 저것 놀이〉 3제三題

①스마트폰 ②선암사 계곡물 ③씨감자 새싹

사실의 소재 한 알

수필 시학詩學

호박덩굴

초여름 밤

무등산 복수초

간고등어

몽돌

엣세

이것 저것 놀이 3제三題

① 스마트폰

세월 따라 상전上典도 진화하는가 보다. 어려서 초등학교 다니기도 전이었다. 백만百萬이라는 당골네가 재 너머에 살았다. 동네 큰일이 있을 때마다 아침 일찍부터 저녁 늦게까지 그 집일을 거들었다. 떡 쪼가리나 얻어먹으러 모여든 우리들 쪼무래기들에게까지 "예 예." 하며 굽실거리는 게 영 우스웠다.

그 백만이는 산업사회가 되면서 대처로 이사 가고 이제는 없다. IT 시대인 지금은 모든 사람이 백만이가 되었다. 휴대폰을 모시고 다니며 어디서든 굽신거린다. 밤낮 없고, 너나없다. 버스 안에서도 길을 가면서도, 어린이도 어른도

스마트 폰을 극진이 모시고 산다.

스마트폰은 현대인의 상전이다.

② 선암사 계곡물

선암사 입구 숲 터널은 숲들의 눈이 번쩍번쩍 빛났다. 새 잎의 윤기가 산봉우리에서부터 아래로 반질반질 흐르고 있다. 하늘마저도 연둣빛 잎을 닮았다. 조계산 전체가 잎들의 향연장이다. 이 나뭇잎과 저 나뭇잎이 아가들의 웃는 얼굴로 봄 햇살을 만났다. 이제는 영락없이 흐르는 물이 되었다.

봄 잔치에 소리가 빠지랴! 계곡물 소리가 길게 누워 손님을 맞는다. 물은 흐르다가 소용돌이로 하얀 거품을 토해내기도 하고, 지형 따라 모습을, 소리를 바꾸고 있다. 계곡을 굽이치며 흐르는 물은 용의 꿈틀거림. 하얀 거품을 내뿜으며 폭포수로 부딪치고 솟구치고 바위를 만나고 돌을 어루

만지며 인총보다 많은 나무들의 삶을 담아 하늘로 오르려나 보다.

선암사 계곡물은 승선교昇仙橋를 건넜다.

계곡물은 여의주 물고, 점정點睛의 때를 얻어 승천하는 한 마리 용….

③ 씨감자 새싹

구례장의 한 귀퉁이. 할머니의 좌판엔 씨감자가 플라스틱 바구니에 수북하다. 마침 새싹도 뾰쪽뾰쪽 장 구경을 나왔다.

봄바람에 돋아난 씨감자의 새싹을 보니, 우리 동네 삼월이가 생각이 났다. 그미는 하룻밤 사이에 행방이 묘연해졌다. 봄바람 살랑거리자 삼월이는 마을에서 보이지 않았다. 얼마나 뒤에, 이웃 총각과 대처에서 시장을 보는 광경을 보았다는 풍문이 돌았다.

섬진강 오백칠십 리 봄 길이 벚꽃 세상이 되었다. 이 소식에 '생오지 문학' 동인들과 꽃구경을 나섰다. 꽃구름이 섬진강 좌우 길을 따라 이어졌다. 구례읍에 이르자 가던 날이 장날이었다. 3·8일에 서는 오일장. 임도 보고 뽕도 따는 격이 되었다. 좌판의 씨감자는 한 바구니에 만 원을 내면 다섯 개가 덤으로 따라왔다. 씨감자의 새싹은 '나 시집가야지.' 하고 말하는 것 같았다.

나는 삼월이를 구례장에서 만났다.

사실의 소재 한 알

달빛 머무는 마당가에
호박씨를 넣었습니다

호박씨는 두 손 꼭 잡고
달빛 따라 꿈길을 갑니다

어둠 속, 별빛으로
들리는 고즈넉한 소리

다행이다! 다행이다!
구덩이 속에도 누가 사네

근데 어떻게 만나지
껍질을 깨야지, 껍질을

'어서 나와!' 몸속에서
싹 트려 꿈틀대는 소리

싹을 틔우자, 아침을 열자
해님! 빛을, 빛을 좀 주세요

어둠에서 빛으로
꿈속에서 삶으로

제 껍질을 왕관으로 이고
황홀한 아침, 엿보는 새싹

해 · 달 · 별, 바람과 구름
이슬과 비, 나무와 풀잎…

아! 이렇게 좋은 이웃들과
나누는 황홀한 아침 인사!

글이 써지지 않을 때는, 한 알의 씨를 심습니다. 사실의 소재인 씨는 싹을 틔워 제재가 되고, 싹에선 잎이 나고, 줄기가 뻗고, 덩굴손이 자랍니다. 자연의 조화 속에서 보름달 같은 호박을 키워 형상形象을 만들며 이웃과 함께 살아갑니다. 나는 이런 예술 같은 찬란한 생명 활동의 감동을 생각합니다.

수필 시학詩學

창작수필은 동동주다

동동주의 소재는 쌀이요, 쌀은 동동주가 되기 위해 변용을 거듭한다. 사실의 소재인 쌀은 가마솥에서 술밥이 된 후, 누룩과 물을 만난다. 술밥과 누룩과 물은 항아리에 담겨 아랫목에서 이불을 둘러쓰고 곰처럼 어둠을 이겨내면 술은 익는다.

한 사나흘 지나면 방안에 술내가 봄 언덕 아지랑이처럼 솔솔 피어난다. 때맞춰 모내기가 시작되어 술을 거를 때, 맑은 웃국을 떠낸 술이 동동주다. 술잔에 동동 떠 있는 밥알 몇 태기*는 제 근본을 말하며, '나는 동동주요.' 하고 제 이름을 알린다.

"아나, 이것 한 모금 맛봐라."

농주를 거르시던 어머니가 건네주는 종구래기*에 담긴 웃국 한 모금을 홀짝 마신 적이 있다. 어릴 적 맛도 모르고 마셔버린 밥알이 동동 뜬 그 동동주가 생각난다.

변용을 좋아하는 창작수필은 동동주다.

창작수필은 보름달이다

초승달이 오동나무 너른 잎새 사이에서 걸려 있다. 바닷물을 거울삼아 앞태, 뒤태를 보고 있던 초승달. 고운 눈썹을 자랑하며 바다 같은 보름달로 차오른다. 보름달이 구름의 터진 틈새로 얼굴을 내밀 즈음이다. 보름달을 안으려는 동네 남정네들은 달봉산逢山에 올라 침을 꿀꺽 삼키며 보름달 떠오르기를 기다린다. 이윽고 새색시가 오동나무 위에 둥실한 얼굴을 내밀면 "망월望月이다! 망월이야!" 외치며 보둠어* 맞아들인다.

달니미를 안은 남정네는 "달니미! 지난밤이 새도록 내 손수 닦아둔 침실로 가자, 침실로!*" 시 한 구절이 닳도록 간절한 마음을 내며 창작의 밀실에 들어 동침하게 된다. 보름달 속에는 한 쌍의 토끼가 조작방아를 찧듯이 달니미와 남정네도 방아를 찧으며 계수나무로 지은 초가삼간에 산다. 세월은 밀물 썰물을 따라 시나브로 흘러간다. 달은 차고 기울어 조각배로 떠올라 그믐달이다. 조각배는 창작의 열매 아가를 태우고 저녁놀 속으로 숨어든다.

남정네는 사랑하는 달니미에게 '그대는 나의 별'이라고 속삭였다. 순간 '그대 달니미'는 '별'이 되었다. 상상적 변용이다. 달니미가 별로 자리바꿈하면서 의미론적 변화가 일어났다. 이렇게 '이것'을 '저것'으로 본 것이 시도 되고, 소설도 되고, 창작수필도 된다. 시는 '언어 창조'의 문학이다. 시어가 곧 존재다. 소설은 '허구적 이야기'로 본 결과요, 창작수필은 원관념 소재를 비유—은유 · 상징—적 대상으로 보는 것이다. 모든 문학은 이야기다. 시는 정서적 이야기요, 소설은 '있을 법한 허구의 이야기'요, 창작수필은 '대상 사물과 나누는 마음의 이야기'인 것이다.

이야기의 기본 형태는 '처음 - 중간 - 끝'이다. 『시학』의 가르침이다. 창작수필의 '처음'에서는 대개 '이것'이라는 소재에 대한 이야기를 하면 좋다. '중간'에서는 '처음'에서 '끝'으로 옮겨가는 과정, 즉 '이것'이라는 소재가 '저것'이라는 비유적 대상으로 변화하는 과정이 될 것이다. '끝'에서는 '달니미=나의 별'이라는 비유가 완성되면 창작의 글이 탄생한다. 여기에는 플롯의 자장磁場이 작용하여 창작적인 배열이 이루어지기 마련이다. 물론 반전도 클라이맥스도 수반하게 된다.

창작수필도 '초승달 — 보름달 — 그믐달'의 자연 현상을 거치면서 변용을 거듭한다. 변용을 좋아하는 창작수필은 보름달이다.

창작수필은 축구공이다

축구공의 행로는 어디를 향하는가? 축구공은 오직 상대방의 골문을 향하여 뛴다. 경우에 따라 골로 연결되기도 하고, 상대방에게 빼앗길 수도 있다. 예측불허다. 창작수필이 가는 길도 이와 같다. 주인공에 따라 농촌의 논둑길, 밭둑길일 수도 있고, 도회의 번화가도 시장통도 마다하지 않는다. 세계로 뻗는 길이다. 바둑의 길이요, K-팝이 개척한 길이다. 에이아이(AI)가 가는 길도 함께 갈 것이다.

창작수필은 기존의 형태에 만족하지 않고 '시험적인 방법'을 탐색하며 자기 존재를 확인한다. 화자는 1인칭 '나'를 존중하지만, 글의 형식에 따라 '너'도 '그'도 될 수 있다. 또 내재적 화자로 참여할 수도 있고, 의인법을 쓰기도 한다. 화자의 개성에 따라 독백일 수도 있고, 대화일 수도 있으나 언제나 '대상 사물의 마음'과 나누는 이야기라는 것을 잊어서는 안 된다.

창작수필이 여러 모양으로 모습을 바꾸는 목적은 오직

창작에 있고, 축구공의 행로가 다양함은 오직 '골'을 내는 데 있다. 창작수필은 행로가 다양한 축구공이다.

창작수필은 미용사다

창작수필의 창작 개념은 '시적 발상의 산문적 형상화'이다. '시적 발상'이란 시적 영감을 의미한다. '산문적 형상화'란 산문 형식으로 형상화 하는 문학이란 말이다. 수필의 특징은 산문인 데 있으므로 작품 전체에서 시격詩格을 얻으면 좋다.

창작수필의 작법 개념은 '구성적 비유의 존재론적 형상화'이다. '구성적 비유'란 시처럼 직관적 비유가 아닌 산문 구성을 통해서 성립되는 비유라는 뜻이다. 문학의 존재는 형상적으로만 존재한다. 인간은 실제적 사물 존재를 창조할 수 없기 때문이다. 리드는 시는 창조적 표현이고, 산문은 구성적 표현이라 했다.

창작수필은 만인의 글이요, 남녀노소 누구나 쓸 수 있는 글이다. 창작수필가는 셰익스피어처럼 천의 얼굴을 가질 수도 있다. 미용사가 수많은 개성적 스타일을 창조하듯 삼라만상의 형상으로 태어나는 문학이다.

창작수필은 천의 얼굴로 독자를 찾아가고, 미용사는 손

님을 개성이 다른 천의 모습으로 변용시킨다. 창작수필은 천의 얼굴로 개성을 살려내는 미용사다.

창작수필은 동동주다. 창작수필은 보름달이요, 축구공이요, 둥근 머리를 손질하는 미용사다.

*이상화 시인의 「나의 침실로」의 한 구절.

---

*태기 명 '톨'의 방언(전남).

* 종그래기 명 '바가지'의 방언(전남, 충남).

*보둠다 동 '보듬다'의 방언(경남, 전라).

호박덩굴

고향집 마당가 텃밭에 호박씨를 넣었다. 달빛만 머물다 가는 빈집이다. 구덩이를 파고 퇴비 깔고 흙고물을 덮었다. 너무 깊지 않게, 제 키의 두세 길쯤 가늠하여 묻었다. 아직 싹이 나지 않은 줄 번히 알건만 마음은 고향으로 달려간다. 보고 싶은 마음, 끌리는 마음에 하루가 멀다 하고 찾았다.

"뭣 하러 그리 와 쌓는가?"

걸막*에서 만난 아재의 말이었다. 빈집에 와 봐야 냉텍없는* 줄을 알기에 하시는 말씀이다.

"그냥 와요."

딱히 꼭 집어서 대답할 말이 없었다. 그러나 아재는 모르는 속마음이 숨어 있었다. 묻어놓은 호박씨가 어떻게 되었는지, 껍질을 뚫고 나왔다면 떡잎이 몇 장인지, 덩굴손을 뻗을 만큼 줄기가 자랐는지…. 이런저런 것이 궁금하기도 하고, 빈집이지만 '휘' 한 바퀴 둘러보는 마음 한 구석에는 매화나무와 함께 겨울을 난, 삭정이가 되어버린 호박 덩굴이 있기도 했다.

호박 속처럼 깜깜한 땅속. 어렴풋이 희미한 소리가 들리는 것 같았다. '어서 나와!' 칠흑 같은 어둠 속의 한 줄기 불빛. 생명의 울림이 아니었을까. '살아 있구나!' 불안과 초조 속에 며칠이 지나던 참. '환경이 바뀌면 그만큼 무슨 변화가 있겠지.' 깨달음이 번뜩 스쳤다. 간절한 바람이라 환청으로 들렸을까. 호박씨는 꿈을 놓지 않았다. '흙 1mg에는 10억 개 이상의 생명체가 숨 쉰다.'고 했었지. 생명체의 모체인 대지. 깜깜한 땅속의 제 껍질 속에서, 희미하게 들었던 그 소리는 스스로의 외침이었을 것이다.

해가 뜨자 몸이 녹으며, 껍질이 물러지는 것을 스스로 느꼈으리라. 변화가 감지된 것이었다. 하늘과 땅과 사람, 해와 달 그리고 바람과 구름의 조화…. 스스로 껍질을 깨고 나와야 하다는 것, 제 속에 '씨눈'이 있다는 것도 깨달았을 것이다. "태어나려는 자는 한 세계를 파괴해야만 한다."고 들었다.

찬란한 아침. 껍질을 투구 삼아 땅을 비집고 바깥세상을 구경하게 되었다. 벌써 떡잎들은 '나무만큼 커야지, 하늘만큼 파래야지.' 줄기로 뻗어갈 꿈과 덩굴손을 키울 준비를 하고 있었다. 꿈은 현실로 이어져 줄기와 덩굴손이 나무에 오를 만큼 자랐다. 나무에 다다를 때까지는 울타리를 타야 했다. 감나무, 매화나무, 대추나무, 은행나무, 가죽나무…. '언제 저렇게 솟을까?' '참, 나무가 아니잖아.' 어느새 여기저기 우산 같은 잎들 사이에서 꽃들이 피기 시작했다.

매화나무를 껴안고 겨울을 난 마른 호박 줄기의 지난해 모습도 그랬다. 그래 여름밤 마당에는 평상이 놓였지. 모깃불이 잦아들 무렵 마당가엔 꿈처럼 날던 개똥벌레도 많았고. 겨릅대 낮은 울타리엔 물외가 익어갔고, 밤이면 반딧불이 외꽃으로 피어났다. 그 개똥벌레 잡아 호박꽃 속에 가두어 놀던 녀석이 있었다. 호박꽃등 손에 쥐고 '형설지공'을 익히다 잠이 들었던 아이. 잠든 새 호박꽃 속의 반딧불이는 한 마리, 또 한 마리씩 하늘 높이 날았다. 하늘을 나는 반딧불이를 따라 호박덩굴은 멀리, 또 높이 자라는 꿈을 키웠다. 개똥벌레는 하늘 높이 날아올라 별이 되었고, 줄기에는 여기저기 호박이 주렁주렁 꿈으로 커갔다.

늙고 큰 호박의 뱃속에는 자그마치 씨가 3백 개 가까이 들어 있다. 노란 속살에서 벋어난 많은 실 가닥들이 모여서 씨를 보호한다. 끈적끈적한 체액에 쌓인 씨를 손으로 발라냈다. 반질반질한 씨를 둘러싼 볼그스름한 물체에선 갓 태어난 아기 냄새가 났다.

애호박을 따다가는 밀가루에 버무려 전을 부쳐냈다. 으

레 두세 낱은 바가지에 담아서 너른 호박잎 뚝 따, 덮어서 울타리 너머로 아랫집 새댁을 불렀다. 이런 정을 나누며 사는 이웃들이었다.

사람만 이웃이 아니었다. 텃밭의 풀도 함께 살아가는 이웃이다. 풀을 손으로 뽑다가 호미로 매고, 낫으로 베는 것은 생명으로 서로 도우며 지내던 때였다. 쑥부쟁이, 씀바귀, 강아지풀, 개망초…. 이름을 불러주면 풀도 사람을 위해 부지런히 자랐다. 사람과 풀, 그 삶의 거리가 유지되었다.

겨울을 난 마른 호박 줄기는 모든 걸 다 버렸다. 지금까지 아들인 호박씨는 몸을 싸고 있던 껍질 하나 버렸을 뿐인데…. 생각이 여기에 미치자 나는 깜짝 놀라 정신을 차렸다. 생이 다해서도 매화나무를 덮어주고 삶을 마친 마른 호박 줄기. 나에게는 빈집을 지키는 어머니였는데….

---

* 걸막 명 '대문 밖'의 방언(전남). ☞『우리말샘』의 방언에는 미등재.
* 넹택없다 형 '터없다'의 방언(전남).

초여름 밤

야영 삼아 고향집에서 하룻밤을 보낸다. 아궁이에 군불을 넣자, 오래 비워둔 탓인지 연기가 마룻장 밑으로도 기어든다. 마루에 앉아 죽순을 다듬던 아내는 "아이고, 이 냉갈* 좀 봐." 하면서 허청의 묵은 멍석을 마당에 편다.

"아, 좋다!"

내가 먼저 벌렁 누우며 지른 탄성이다.

"고향집이라 그러지라우."

아내의 반응은 한참 뒤에 들렸으나, 나는 나이를 잊고 어린애처럼 멜없이* 그냥 좋아하고 있었다. 아직은 초여름이라 물컷*도 없다.

넉넉해진 마음이라 그럴까. 어둠이 깔리면서 마당에 내린 녹음綠陰은 호수처럼 깊기만 하다. 암청색 녹음이 그림자처럼 또렷한 것은 잎 넓은 감나무만이 아니다. 대추나무, 밤나무, 은행나무도 한몫 끼어들었고, 뒤란의 대밭도 응원을 나섰다.

빈집에 손님이 들었다고 반기는 것일까. 상현달도 감잎 사이로 마중을 나오고, 쑥꾹새*도 쑥-꾹 쑥-꾹, 달봉산 숲속에서 유장한 울음이다. 나는 지금 안개처럼 깔리는 어둠과 감파른 나뭇잎과 희뿌연 달빛이 자아내는 아늑한 음영陰影이 좋은 초저녁 한때와 마주하고 있다. 지난날에는 달이 하도 밝아 윗마을로 친구를 찾아 나선 이도 있었고, 대추나무에 걸린 달을 보고 집값을 더 치른 이도 있었다지만….

감잎에 달이 가렸을 때다. '쏴아!' 떼 지어 몰려오는 소리! 무슨 소릴까? '소나기 한 줄금 지나려는가, 바람에 쏠리는 댓잎 소릴까, 아니 오래된 이명(耳鳴)이 살아난 탓일까….' 모내기를 하려고 물을 잡은 고라실* 논에서 '꽤-엘 꽤-엘' 한 마리가 앞소리를 라르고(Largo)로 매기자, 이논 저논에서 '꽬 꽬 꽤엘, 꽬 꽬 꽤엘….' 한꺼번에 알레그로(Allegro)로 쏟아내는 개구리들의 울음소리였다.

온 동네가 개구리들의 합창에 묻히자 마당이 '부웅!' 떠오르는 기분이다. '아, 좋다!' 지그시 눈을 감으니 점심때 술잔에 띄워 마신 감꽃이 별이 되어 반짝인다.

* 냉갈 명 '연기'의 방언(전라, 평북).
* 멜없이 부 '공연히, 괜히, 이유 없이'의 방언(전남).
* 물컷 명 사람이나 동물의 살을 잘 물어 피를 빨아 먹는 모기, 빈대, 벼룩, 이 따위의 벌레를 통틀어 이르는 말. ⇒규범 표기는 '물것'이다.
* 쑥국새 명 '뻐꾸기'의 방언(전라).
* 고라실 명 '고래실(바닥이 깊고 물길이 좋아 기름진 논)'의 방언(전라,충남). ☞『우리말샘』의 방언 지역에 '전남'은 미등재.

무등산 복수초

물소리 청청淸淸한 무등산 신림마을 지난다.

부딪치면 돌아가고, 낙차 만나면 버큼으로 말하다가 순리, 순리를 지절거리며 물은 흐른다.

마을을 지키던
당산나무 낙엽들이
양지쪽에 쭈그리고
모여앉아 햇살들과 도란거린다.

가을비 내리고,
서리 앉자, 눈도 덮였다.
눈 덮인 땅속으로 스며든

낙엽의 진액들은 잠이 들었다.
낙엽의 누런 사연들은
땅속에서 겨울을 보냈다.
그새
부리 같은 연한
촉들은 언 땅을 쪼고 있었다.

중머리재
오르는 샘터 부근
복수초가 눈 속에 노랗다.
황금색 꽃들이 군락으로 피었다.

복수초는
자연의 역사를 품은 복수초는
낙엽의 진액들이 하늘의 별처럼
땅에서 돋아난 꽃이 아닐까.

복수초여!
봄의 전령 별꽃 복수초여!

너는 눈[雪] 속에서 봄을 느꼈구나.
다들 눈[眼] 딱 감고 덜덜 떨고

있을 때 눈을 녹이며 피었구나.
너는 오다가 혹
여인을 만나면 머풀러를 바꿔 주고,
아나운서 넥타이도 갈아주고,
종다리 만나면 비비비비,
봄비 오라고 노래 불렀다.
그리고
산문山門을 지날 때면
흘러라
아래로 흘러라
물처럼 흘러라
법문도 잊지 않았다.

봄은 복수초 되어, 무등산 모퉁이를 느릿느릿 걸어오고 있다.

나도 중봉을 오르다 황금색 군락으로 피어난 무등산 샘터 복수초가 된다.

간고등어

오늘은 4일, 옥과장날이다. 읍내의 건물들과 거리의 분위기와 오일장터 풍경들이 잘 어울린다. 지난날과 현대의 숨결이 다정하다. 장터 골목을 막 들어서자 저쪽 가게가 살아 있다.

"어메*, 뭣 좀 사실라우*?"

"멋*?"

"간고등에*……."

어물전 아줌마의 언사가 좋다. 허리 굽은 할머니를 어머니라고 살갑게 부르는 걸 보면 능간이 여간 아니다. 할머니도 '큰딸이 부르는 갑다.' 하는 태도다. 사고파는 흥정도 아니지만 알은체하며 오가는 말들이 다습다. 장을 보러 가는 것도 큰 출입이던 할머니 시절. 오늘도 머리 곱게 빗고, 정갈하게 차려 입었다. 무얼 사려는지 둘레둘레 눈을 주며 둘러보는 모습에서 지난 세월을 다시 만난다.

옥과장은 전남 곡성군 옥과면 이문리에 서는 5일장. 새로 지은 건물의 지붕을 덮씌운 점포에는 철물전, 장판전, 옷가게, 신발가게 등이 들어앉았다. 골목에 늘어앉은 할머니들도 그냥 땅바닥에 전을 벌리는 일은 없다. 네모지기 자리를 펴고 풋고추, 오이, 가지, 토마토, 강냉이 등 집에서 가꾼 것들을 놓고 손님을 기다린다. 장터는 북적거리는 맛이 있어야 하는데 날씨는 덥고 농사철이라 그러는지 장꾼이 귀하다. 주차장도 넓게 마련되어 있는데…. 재래시장을 살려보려는 행정력이 구석구석에서 눈을 부라리는 것만 같다.

농촌 인구가 철철 넘쳐나던 지난날, 농사철에는 간고등어가 대접을 받았다. 생각보다 훨썩* 많은 통소금을 배아지*에 담고서 장터 좌판에서 농부의 손에 들려갔던 것. 모내기를 앞두고는 장은 봐야 했던 시절이었다. 해도 거반 석양으로 타고 있을 때, 간고등어 한 손쯤 지겟다리에 매달면 농찬農饌 걱정은 덜었다. 그 한 손의 넉넉함은 어디다 댈 것인가. 이쯤에서 탁배기* 한 잔 걸치면 시오리 길도 거뜬했다.

이제 막 캐낸 감자를 굵직하게 썰어 고춧가루 듬뿍 치고, 자글자글 끓여내면 조림이 일품이었다. 은빛 고등어는 검푸른 바닷물을 못 잊는지 눈을 감지 못하다가 등 푸른 어족의 지조를 맛으로 보여주는 것일까. 통통한 가운데 토막의 담백한 맛, 그 육질과 감자의 포근포근한 감촉. '농자천하지대본農者天下之大本'이던 그 시절, 놉들은 간고등어의 감칠맛 덕분에 고봉밥을 가무렸던 것이다.

이런 고등어는 전남 방언에서는 '고등에'로 불린다. 홍어가 홍에로, 붕어가 붕에로 발음되는 것도 같은 모음 변이 현상. 고기 이름에 붙은 '어魚'는 모두 조음調音의 편의에서 전설모음 '에'로 발음되고 만다.

방언은 그 지방 환경에 적응하며 살아남은 언어 유산. 산 넘고 물 건너면서 역사와 문화를 바탕으로 달라졌던 소리, "간고등에…."는 전남 방언의 한 특징이다.

---

* 어메 명 '어머니'의 방언(전남).
* 라우 미 '-요'의 방언(전라).
* 멋 대 '뭣'의 방언(경상, 전남).
* 고등에 명 '고등어'의 방언(전남).
* 훨썩 부 '훨씬'의 방언(강원, 경북, 전남, 중국 흑룡강성).
* 배아지 명 '배'의 방언(전남).
* 탁배기 명 '막걸리'의 방언(경상, 전라).

몽돌

책상 위의 몽돌 몇 개가 오순도순 다정하다. 동글동글하여 손아귀에 쥐면 편안한 녀석은 웃는 고래 형상이요, 갈쭉하고 감자만 한 녀석은 입을 헤 벌리고 바다 버큼*을 머금고 있다. 작은 고구마만 한 작것* – 어찌 보면 남근석 같기도 한 놈 – 은 온몸이 청산도 슬로길이다.

나는 이 작것을 어루만지며 이태 전에 다녀왔던 청산도 느림봇길을 더듬고 있다. 그때 가을에 다녀왔던 여행길을 이 더위에 회상해 보며 몽돌들을 다시 보는 기쁨에 젖는다. 완도에서 출발하는 '슬로시티청산호'는 한 시간도 채 안 되어 청산도靑山島 도청항에 도착했었지. 거기서부터는 완보 달팽이가 안내를 맡았었고….

'화랑포갯돌밭'을 지나 사랑길로 접어들었다. 수문장처

럼 '연애바위'가 입구에 서서 입을 열어 '여그 사람들은 이 길을 "연애바탕길이라 불러라우." 한다. 연애바탕길이란 말에서 주민들의 질탕한 작명에 마음이 끌렸다. 산과 바다가 이 길로 하여 연인같이 어울리지만 조용조용 밀고 당기는 사랑놀잇길이 아니요, 원시 야성을 그대로 나타내는 길이란 생각이 들었다.

지명 하나에서도 섬 주민들의 진솔하고 예민한 감각을 만났다. 아까 지나쳤던 '화랑포갯돌밭'에서도 그것을 느꼈다. 여행객의 마음을 확 휘어잡는 매력을 어디서 찾는단 말인가. 갯돌이 너른 해변에 드문드문 박혀 있는 모습을 짐작해 낼 뿐이다. '공룡알해변'이라 이름 붙인 장기미 해변은 어떤가. 그 이름만으로도 공룡알 같은 몽돌들의 수런거림을 들을 수 있지 않는가.

산이 앞서면 바다가 뒤따르고, 바다가 앞서면 산이 뒤따를 수밖에 없는 조브장한* 길이었다. 누가 앞서든지 땔나무꾼 지게에서 풀어진 띠꾸리* 같은 산길을 돌아가야 하겠다. 바다와 가까워졌다 멀어졌다 사랑길에선 사랑의 밀고 당기는 자장磁場을 느끼게도 했다. '아, 좋다. 이런 길이 풀숲에 숨어 있네!' 생각하며 눈을 들어 해안길 저쪽 끝을 보자 길은 알은체를 하며 일어서는 것이었다. 그때 파도가 발밑까지 밀려왔다. 깜짝 놀라 나뭇가지를 잡았다가, 풀이라도 움켜쥐었다가, 산을 움켜잡는 바람에 코를 바위에 닿을 뻔했다.

무심히 스치던 바위에 손을 얹어보았다. 바위에는 여기저기 돈버짐* 같은 돌꽃이 피어 있었다. '침묵의 바위도 마음을 열기도 하는구나!' 해신은 무엇으로 바위를 감동시켰을까. 해무海霧로, 파도로, 태풍으로…. 바위는 어쩌다 바닷물 몇 방울을 받아들여 가슴에 앉혔을 것이다. 이 물방울을 오래 마음에 품고 있다가 꽃으로 피워냈겠지. 향도 없고, 빛깔도 화려하지 않은 죽은 납색의 꽃이다. 바위여! 네 몸에 꽃이 피긴 피었다만 언제쯤에 네 꽃의 생명력을 볼 수 있을 거나.

해변에서는 돌들도 생명들로 태어나더라. 홍도 해변의 몽돌도, 보길도 정도리 해변의 몽돌도, 낙월도 해변에도 몽돌들은 살고 있지 않더냐. 바다는 파도로 말하며 몽돌들을 키우고 있다는 생각이 스쳤다.

때로 해무는 해신海神의 마음을 두근거리게 했던 모양이다. 해신은 용암처럼 출렁이는 정염을 어쩌지 못할 때는 태풍을 앞세웠나 보다. 태풍은 폭풍우를 몰고 와서 해신의 사랑을 가로막는 것은 여지없이 해치웠다. 사라호도, 볼라벤도 그랬었다. 혼돈 같은 태풍 속에서 몽돌 같은 생명 탄생의 신비감을 생각하게 했다.

바다는 산이 그리우면 온몸으로 파도쳤고, 사랑길을 넘어 밀실에 들었나 보다. 바위를 얼싸안은 해신은 곧바로 바다로 뛰어들었겠지. 돌꽃도 함께…. 그날 이후 바위는 고향을 그리며 파도 따라 구르고 굴러 억겁의 세월 속에 돌꽃과 함께 몽돌로 변해가고 있었을 것이다.

태풍이 멎고 사랑길이 끝나려는 어름에 산의 호흡을 느낄 수 있었다. 길도 그리움에 정신을 팔았고, 때로 밀림 속에서 방향을 잃고 헤매기도 했나 보다. 그럴 때마다 산새가 돕는다고 생각했다. '짝짝 코오공고 빽, 짝짝 코오공고 빽' 하고 새가 숲속에서 몽돌 같은 사랑의 노래를 불렀기 때문이다.

하! 고놈, 노래 한번 경쾌하다. 새의 노랫소리에 발걸음이 가벼웠다. 방금 새가 뭐라 노래했더라. 빽*이라도 헌다는 얘긴가? 그런가 보다. 어렸을 적 우리도 숲속의 새였다. 새처럼 노래했으니까. "삐비* 먹고 빽해서, 배추 먹고 배서, 나숭개 먹고 나서, 살구 먹고 살았다네." 뜻도 모르고 해댔었지. 그리고 뛰고 헤대며 내달았었지. 새가 빽빽빽 노래하는 것은 몽돌 같은 알을 낳기 위해 짝짓기한다는 뜻인 것을…. 바다와 산이 해무에 싸이는 것도 서로 사랑을 속삭이는 것이 아닌가 싶었다.

사랑길이 끝나는 무렵, 명품길이 열렸다. 두 산은 쌍갈랫길을 냈고, 바다로 흐르는 오무데데한* 골짜기로 흐르는 물길은 바닷물과 만났다. 그동안 해신의 정염은 생명을 잉태하였나 보다. 이제 원숙한 여인같이 산고를 겪을 해신은 가쟁이*를 뻗고 철썩철썩 숨을 고르며 장기미 해변에 누워 있다.

해변엔 하얀 몽돌들이 하얀 거품 속에서 숨을 타서 꿈틀거리기 시작했다. 갑자기 장기미 해변엔 혁거세 왕들로 가득했다. 몽돌들은 알[卵]이었나 보다.

---

* 버큼 명 '거품'의 방언(경상, 전라, 충남).
* 작것 명 ① '잡것'의 방언(전라).
  ② '잡것'의 원래의 뜻보다는 애정과 친근감을 담아서 쓰는 방언(전라).
* 띠꾸리[띠:꾸리] 명 지게에 짐을 얹고 묶는 밧줄의 방언(전라).
* 삑허다 동 '성교하다, 짝짓기하다'의 방언(전라).
* 삐비 명 '삘기'의 방언(전라).
* 오무데데하다 형 '조금 오므린 듯하다'의 방언(전라).
* 가쟁이 명 '가랑이'의 방언(전라).

엣세

내 이름은 엣세(Essais)야. '시험하다'라는 뜻을 이름에 담았대. 나는 몽테뉴에 의해서 탄생한 1580년생이네. 몽테뉴는 불혹의 나이에 서재에 묻혀서 독서와 명상에 잠겼대. 나의 정체가 알고 싶다고? 터놓고 말하자면 나는 3권 107장의 책이면서 문학의 한 장르야.

오늘 얘기하려는 것은 문학의 장르로서 살아온 내력이라네. 귤이 회수를 건너면 탱자가 된다는 말이 있네. 여기서는 탱자가 아닌 황금 귤로 바뀌는 과정을 살펴봐줘.

몽테뉴 엣세는 인생의 내부적 영적 문제를 주로 명상적 주정적으로 사색하는 경향을 보였어. 사람들은 이런 나를 인포멀에세이라 불렀네. 철저하게 주관적 소재를 다루었지. 독자를 향하여 '이 책의 주제는 내 자신이다.'라고 한 것만 보아도 짐작할 것이네.

나는 물결 따라 영국으로 건너갔네. 베이컨이 크게 반겨 주었어. 그는 나를 영국식 이름으로 에세이(Essay)라 불렀고, 영국 수필의 비조가 되었네. 내 처음 이름보다 영국식 이름으로 널리 불리게 되었네. 베이컨은 '객관적 소재'로 사회적인 문제를 정중하게 다루었네. 사람들은 그는 포멀에세이 작가라 했네.

나는 찰스 램에 와서 커다란 변화가 일어났다네. 그게 뭐냐고. 응, 그건 화자話者가 1인칭 '나'에서 3인칭 '그'로 바뀐 것이라고 할 수도 있지. 3인칭의 상상의 세계를 떠돌다가 목적지 항구에 도착해서는 '나는 원래 에세이요.' 하고 1인칭으로 돌아와 닻을 내린 것이네. 그 상상의 항해 과정이 문학의 세계가 아니고 무엇이겠는가. 그런 일은 나의 DNA가 현실로 나타났던 것일 수도 있어. '창작적인 변화를 용인'하는 성질 말일세. 램의 「꿈속의 아이들」은 글 속에 상상을 끌어들였네. '엘리아'라는 가명도 써서 소재를 객관화시키기도 했고, 더러는 소설적 구성을 원용도 했고, 장면을 극화도 하면서 의인법을 쓰기도 하였다네. 그러니까 램은 문학도 '진화한다'는 사실을 작품을 통해 보여준 것이네.

여기서 꼭 기억해야 할 일이 있네. 내가 램에게서 변한 성질을 잘 말한 분은 내 고국의 평론가 알베레스였네. '수필은 지성을 기반으로 한 정서적 · 신비적 이미지의 문학'이라고. 성정을 꼭 집어 말했지만 내 이름을 새로 지어주지는 않았네. 최근에야 한국의 무명작가 이관희라는 사람이 '창작문예수필'이란 한국식 이름을 붙여줬다네. 그리고 주목할 일은 『창작문예수필의 이론』이란 책이 이론 정립의 신호탄이 되었네. 지금은 나의 원래의 성격을 나타내는 '개념'과 창작문학의 상징인 '형상'을 아우르는 책, 『형상과 개념』이란 이론서를 내어서 일 단계 진화 이론을 정리했다네. 그래서 그분은 창작문예수필 발견자요, 창작문예수필 이론 창안자가 되었네. 그러하니 엣세(Essais)는 프랑스가 종주국이요, 창작문예수필은 한국이 종주국이라는 사실도 기억해 두게.

그런데 왜 한국식 이름이 좀 긴 것 아닌가요. 참, 잘 봤네. 그건 여러 사정을 감안한 작명이었다네. 앞으로 한국에서 창작문학 쪽으로 진화가 역사적인 사실로 현실화되면 창작수필, 아니 그냥 '수필'이라 해도 될 것이네. 그건 또 무슨 뜻인가요? 응, 그것은 세세히 말하기는 좀 뭐한데…. 한국 수필계의 치부를 드러내는 꼴이니까 말일세. 그러나 이왕 말이 나왔으니 말하겠네. 한국의 대부분 수필가들은 미셀러니에 속하는 비창작 일반산문을 써 놓고도 창작문학이라 우기기도 하고, 소설을 써 놓고 수필이라 발표도 하고, 심지어 신변잡기를 창작수필이라 떼를 쓰기도 하고, 이것도 저것도 아닌 '붓 가는 대로' 써서 한 편의 글 속에 잡문도 창작문예수필도 섞여 있어서 가닥이 잡히지 않는 글도 있고….

일반 산문문학은 '사실의 소재 · 역사적 소재'에 대해서 토의하는 문학이요, 창작문예수필은 '시'에 속하는 창작문학이라네. 여기서 몰튼과 조연현 선생이 언급한 직능을 달리하는 두 장르로 갈라지네. 여기가 중요한 대목이네.

수필(에세이)은 문학이네. 문학을 창작 · 창작적이라고 하는 까닭이 뭔지 아는가. 그것은 '이것'이라는 소재를 가지고 '저것'이라는 창작물을 만들어내기 때문이네. 슬슬 창작문학 이론을 말합니다그려. 그래, 소재는 '경험한 사실'인데, 창작물은 '상상적 · 허구적' 세계가 되는 것이네. 시나 소설과 달리 에세이의 태생적 특징은 '사실의 소재' 자체를 작품의 제재로 삼는 데 있다네. 그 뜻은 조금 어려운 얘기네만 에세이 작법은 작가의 회상 기억에 의존한다는 말이네. 회상 기억은 또 뭔가요? 응, 기억에는 두 가지가 있다네. 여기서 말한 회상 기억은 '개인적 삶의 경험'에 관한 기억이니 문학적 기억이 된다네. 다른 하나는 '저장 기억'인데 '역사 · 정보'에 관한 기억이네. 작가들이 작품을 쓰는 문학적 기억은 레테라는 망각의 강을 건너 왜곡, 변형, 변질, 가치 전도된 기억일 수밖에 없다네. 이러한 사실은 정신분석학, 심리학, 뇌과학이 발달하자 밝혀진 것이라네.

그렇다면 '붓 가는 대로' 써 온 기존의 수필, 즉 '작가가 경험한 이야기를 진솔하게 쓴 글'이란 말은 맞는 이론인가요. 물어볼 줄 알았네. 위에서 말한 객관적 정보·역사적 사실을 소재로 한 포멀에세이에서는 맞는 말이네. 그러나 인포멀에세이에서는 맞지 않는 거짓말, 그것도 새빨간 거짓말이 되는 것이네. 왜 그러냐 하면 작가가 '경험한 이야기를 진솔하게 쓴 글'을 과학적으로 따져놓고 보면 허구요, 상상이라네. 현대문학 일백 년 동안 문학이론 공부를 안 해서 몰랐던 것뿐이네. 수필이 암흑시대를 거친 결과지. 학문적 근거가 없는 글쓰기였다는 것이 문제의 핵심인 것이네. 그렇다면 어떤 좋은 방법이 없을까요? 그건 당장 잘못된 이론 아닌 이론인 '붓 가는 대로'를 버리고, 현대문학 이론을 공부하는 일뿐이네. 수필의 원조는 홍매가 아니고 몽테뉴라는 것을 알면 다 풀리네. 이론이 없는 글은 뿌리 없는 나무와 같이 문학이 아니네.

여기서 창작문예수필이 가야 할 진정한 방향을 말해주겠습니까? 그것은 아리스토텔레스의 『시학』 이래 발전되어 온 현대문학 이론만 선택하면 되는 것일세. 왜냐하면 현대문학의 창작론에 근거한 새로운 수필문학 이론은 밥상이 그득하도록 준비가 되어 있으니까 말일세. 간단히 그 새로운 수필문학, 즉 창작문예수필의 창작 개념만 말한다면 '시적 정서의 산문적 형상화 문학'이라는 것일세.

나는 내 안의 또 다른 나에게 '안녕'하면서 손을 흔들었다.

3부

벼

종형 집에 가는 길입니다. 고개를 넘어서자 들녘에선 누런 용이 몸을 뒤척입니다. 짜락비*로 쏟아지는 가을 햇살을 타고 승천하려나 봅니다. 벼논에는 때 아닌 큰물이 져서 황금물결이 뒤둥그러지고 있습니다.

'형도 저기 벼논에 계시는가.' "형님, 거기 계시오?" 몇 번을 불러도 대답은 없습니다. 누런 옷을 치렁치렁 걸치고, 분명 황룡을 탄 듯 흔들리고 있었는데…. 논둑으로 내려갔습니다. 밀짚모자를 비뚜로 쓴 허수아비의 환한 미소가 넉넉한 형님 같습니다.

보리테*의 벼 모개를 두 손으로 받쳐 들고 얼굴을 들여다보았습니다. 벼들의 표정은 무슨 하소연이라도 하려는 듯 입을 오물오물하기 시작했습니다. 그때 "너희들은 '금강錦

江'이구나!" 하며 이름을 지어 불렀더니, 슬슬 지난날을 풀어놓았습니다.

봄날 농부는 모판에다 우리를 고루 파종했어요. 비닐을 씌우고 물도 주었지요. 파란 싹으로 태어나자 볏모라 이름 붙이고, 하지가 오기 전에 논에 심어야 한다며 서둘렀어요. 이앙기에 실려 무논에 떨구어졌지요. 농부는 써레로 논바닥 흙을 고르고 우리를 옮겨 살게 했습니다. 친구 중 어떤 놈은 물이 깊어 뿌리가 땅에 닿지 않아 물위에 뜨기도 했어요. 이렇게 처음부터 세상살이 매운맛을 본 친구도 있었지요. 농부는 그런 친구들을 '뜬 모'라 부르며 한 모숨 한 모숨 제자리를 잡아주었어요. '이놈은 꼭 내 팔자네.' 혼잣말도 하면서 말입니다. 농부는 무논에서 황새걸음으로 담담히 뜬 모를 마쳤어요.

금강은 농부 얘기와 제들의 얘기를 오가며 끝날 줄을 몰랐습니다. 우리들도 꽃이 피고 향이 있답니다. '벼꽃 향' 말입니다. 도향稻香이라고도 하지요. 향기가 들녘에 퍼지자 고추잠자리 떼로 날고, 매미도 목청을 돋우어 울어댔습니다. 바람은 찾아와 은밀한 말을 전하고…. '서로 몸을 비비며 살그라.*' 바람이 다녀간 뒤로 배동을 하고, 몸은 부쩍부쩍 불었습니다. 알 밴 몸으로 밖을 내다보는 부끄럼에 농부의 눈도 우리 몸의 변화를 깨닫고는 두 눈이 둥그레졌습니다. 우리들은 또 다른 생명을 잉태하고 있었습니다. 하늘과 땅과 농부의 마음이 한데 어우러진 덕이었습니다.

해도 한 자치 짧아진 가을이 왔습니다. 우리들이 누렇게 여물이 들자 메뚜기도 방아깨비도 때때시*도 찾아왔습니다. 밤이면 베짱이와 여치도 풍년가를 불렀고, 달빛도 내려와 생명의 탄생을 축복했습니다. 우리들은 한 모개에 150여 알갱이나 달고 있었습니다. 누구나 "풍년이구나!" 한 마디 흘리며 지나갔습니다. 무끈한 알갱이를 매단 우리들에게 허연 서리가 밤새 찾아왔습니다. 생명을 생명이게 하는 마지막 비의를 치렀던 것입니다. 여물이 잘 든 우리들은 농부의 마음을 읽었습니다. 농부도 우리들과 한 빛이 되었습니다. 농부는 이제 발소리를 멈추고 논둑에 서서 황룡의 모습을 한 우리들 전체를 굽어보았습니다. 누런 풍요 속에 챙이 큰 모자를 기우듬히 쓰고 어깨춤을 추던 농부는 허수아비와 나란히 섰습니다.

금강들이 말하는 농부 얘기는 결국 종형의 벼농사 짓는 얘기였습니다. 따로날 때, 논 한 뙈기 없었던 형, 뿌리 내릴 수 없어 타향으로만 돌던 '뜬 모'였던 형이었습니다. 석양빛 내리는 들녘엔 수런수런 벼 알갱이 여무는 흐뭇한 소리가 흘렀습니다. 풍요를 일군 종형은 허수아비와 함께 금빛 노을 속에서 묵연히 출렁이는 들녘을 바라보고 서 있었습니다.

* 짜락비 명 '오랜 시간 동안 내리는 많은 양의 비', '소낙비'의 방언(전남).
* 보리테 명 '논둑이 있는 논의 가장자리를 뜻하는 방언(전남).
* -그라 미 '-거라, -어라, -아라, -너라'의 방언(전남).
* 때때시 명 '딱따깨비(방아깨비의 수컷)'의 방언(전라).

고구마

겨울 햇살이 아롱거리는 산비탈 밭이다. 나이든 일꾼 셋이서 철 늦은 고구마를 캐려 든다. 낫을 든 남자, 호미를 쥔 여자, 한 사람은 쇠스랑을 맸다. "오래는 못 둬요." 밭주인의 말이 켕기기는 했으나 공짜로 굴러온 떡을 뱉을 수는 없다. 늦어도 무서리가 내릴 무렵까지는 캐야 하는데 된서리에 눈[雪]까지 한 차례 내린 뒤였다. '아이고, 나 죽네.' 잎과 줄기는 비명에 가버렸다.

주검이 되어버린 넝쿨을 걷어내기 시작한 것은 낫을 든 남자다. 뒤를 이어 호미와 쇠스랑을 가진 사람이 캐기 시작한다. 한 번 캐고 털어내고, 또 한 번 캐고 털어내고…. 노욕처럼 엉겨 붙는 흙을 털어내기는 여간 힘겨운 일이 아니다. 비탈이라 아래쪽은 물기가 많으니 더 엉겨 붙는다.

"아이고, 못 캐것네." 상일꾼 쇠스랑의 짜증이다.

"그래도 다 캐야지라우." 야몽야몽* 캔 것이 고랑에 쌓이니 오져서 호미부인이 하는 말이다.

"아니, 사각사각 먹을 만허네." 모양 좋은 것으로 한입 베어 문 낫 임자도 어서 캐야 한다는 신호다.

고랑에 모여 있는 고구마들은 온몸에 흙으로 도배를 하고 있다. 게다가 굼벵이가 파먹은 놈, 몸통이 두 쪽으로 쫙 벌어진 놈, 울퉁불퉁 불거져 머리통만 커진 놈, 새순이 돋았다가 얼어 죽은 놈…. 제각기 할 말들을 몸에 달고 있지 않은가.

밖으로 나온 녀석들은 서로 몸을 맞대고 햇볕을 쬐고 있다. 바람이 한 점 살랑 지난다. 몸통의 물기 머금은 흙은 거풍 뒤에는 문제가 되지 않는다. 이제 녀석들이 제법 제 꼴을 드러내자 노욕영감의 계산속은 바빠진다. 백 석을 채우기 위해 한 섬을 모으려는 맘속 손놀림이 빨라진다.

쇠스랑은 양파 망網에다 1등품만 골라 넣는다.

"다 함께 담제, 그러요. 나머지 못난이는 어쩌라고."

'왜 좋은 것만 골라 담지.' 생각하며 호미는 쓰레기봉투까지 동원하여 모조리 담는다. 철 지난 녀석들은, 네 자루에 담겨 어두운 트렁크에 실린다.

이제 두 집으로 나뉘어 가야 할 판이다. 망에 담긴 두 개가 내려지는 참이다. 이때다. "요것! 하나씩 나눠야지." 낫도 날을 세웠으나 막무가내다. 낫과 쇠스랑의 옥은 날들이 눈을 부릅뜨는 순간이다. "어서 갑시다." 그래도 날이 무딘 호미의 말이 약이 된다.

망에 담긴 두 자루는 먼저 주인을 따라 나선다. 상품上品으로만 반을 내리고 달리니 이렇게 마음도 가벼운 것을! 나이 들면 지갑은 열고 입은 닫으라는 말은 마이동풍이 되고 만다. 쇠스랑의 날만 안으로 옥은 것은 아니다. 낫과 호미도 옥아 있기는 마찬가지다. 너나없이 마음의 날들은 모두 연장을 닮았다.

부부는 아파트 꼭대기층으로 쓰레기봉투에 담긴 두 자루를 끙끙거리며 올렸다. 며칠이 지나자 베란다에 모셔놓은 고구마는 서서히 냄새를 풍기기 시작했다. 얼었던 것이 녹으며 썩어가는 모양이다. 양파 망의 것도 처리하느라 애를 먹었다는 연락이다. 우리는 다시 끙끙거리며 내려야 했다. 버려야 하는 욕심 덩어리 두 자루를.

---

* 야몽야몽 부 '야금야금'의 방언(전남).

그미

웬일일까. 그미가 들녘에서 서성거리고 있다. 색깔로 말하는 그미는 늘 화려한 차림이다. 옷은 칙칙하지 않고 모시옷처럼 서늘하다. 옷 색깔에선 섬세한 감정이 흐르고 있다. 어떻게 하면 그 미묘한 감정의 변화를 읽어낼 수 있을까? 그미가 눈치 채지 못하게 아파트 두 동 사이의 틈새를 통해서 읽어내어 보자. 슬며시 살피다가 그미가 해찰이라도 하는 사이에 마음속으로 잠입한다는 생각만 해도 가슴이 뛴다. 아무도 모르게 그윽한 교감을 나누며 세월을 느끼기도 하고, 온갖 상상을 한다는 것은 또 얼마나 감미로운 일인가.

이렇게 마음먹은 후로는 틈새로 그미를 보는 일은 일상이 되었다. 막 눈을 떠서도 그날의 천기를 가늠하는 듯 보기도 하고, 밥숟갈을 빼고는 그냥 버릇으로 물끄러미 바라보기도 하고, 시간이 지나 심심하면 커피 한 잔 들고서 로댕이 되어보기도 하고, 이렇게 시도 때도 없이 보게 되었다. 하나의 습관처럼 되어버린 것일까. 글이 잘 써지지 않을 때도 베란다에 서서 구원의 눈빛으로 쳐다보기도 했다. 그럴 때마다 그미는 새로운 감응으로 다가왔다. 한시도 마음과 모습이 똑같지는 않았다. 이렇게 날짜가 가다보니 눈을 감고도 틈새에선 그미가 훤히 보이게 되었다.

내가 틈새로 보는 것 중에서 제일 먼저 보이는 것이 그미를 만나는 들녘이다. 그 들녘 너머에는 극락강이 흐른다. 강을 건너기 위해 다리가 놓였는데 교각 밑으로 흐르는 물빛을 보며 '생각하는 갈대'가 되어보기도 한다. 고개를 조금만 쳐들면, 저 멀리 좌우로 뻗은 산맥들의 희미한 모습에서도 그미의 형상을 만날 수도 있다. 왼쪽에는 무등산이요, 오른쪽엔 어등산이다. 틈새를 통해 부채꼴로 넓어지는 제한된 창공을 보는 것도 상상을 펴기에 좋았다. 틈새는 그미의 기분과 변하는 모습을 받아들이는 내 마음의 창이라 할 수 있겠다.

들에서는 그미가 이미 주인 노릇을 하고 있었다. 처음에는 초록 옷을 강동하게 걸쳤더니 달포쯤 지나면서 점차 색상을 바꾸어 갔다. 멋을 부리기 시작한 것일까. 저고리에는 벼꽃 무늬로 장식을 하고 있었다. 그리고 아무도 모르게 들을 벼꽃 향기로 가득 채우기도 했다. 혼기를 맞은 것일까?

하루가 다르게 몸이 푸담하게 불었다. 이렇게 변화를 겪으면서 여인이 되어갔다. 배가 불러오고 모개가 패더니 들이 꽉 찼다. 몸은 초록과 노랑이 반반쯤 섞여 있었다.

"야아, 이거 배색配色 좀 봐!"

논배미의 초록과 노랑의 조화에 탄복하는 여인의 일성이다.

"기가 막히네그려! 선명한 색깔의 대비는 또 어떻고…."

지나던 중년 부부의 대화도 들렸다. 한참을 섰더니 살가운 듯 벼 모개를 어루만졌다. 그리고 멀리도…, 가까이도…, 눈을 주었다. 그런 모습이 보기 좋았다.

논배미와 논배미가 같은 듯 다르다. 그 미묘한 색깔의 조화를 인간의 힘으로 어떻게 표현할 수 있단 말인가. 자연의 조화는 인간 능력의 저쪽인 것을…. 잎의 누르스름한 색깔이 승한 논배미, 알갱이의 누런색이 승한 논배미…. 배미배미 개성을 드러내며 한껏 멋을 부리는 중이다.

논둑 가장자리의 벼는 일제히 바깥쪽을 향하여 머리 숙여 하늘에 경배하는 듯했다. 벼도 제 혼자 낟알에 기를 모아 통실통실 여물을 들게 하는 것이 아님을 알고 있었다. 아침이면 안개가 자욱하게 찾아와 수분을 보충해 주었고, 여름내 매미 울어 실하게 여물 들라는 축복의 노래를 불러주었다. 슬슬 벼 익는 내음이 들에 퍼지면서 풍요가 황금물결로 출렁거리며 흐르고 있었다. 그미는 황금물결을 타고 원숙한 여인이 되어 갔다.

벼는 마지막 녹과 황을 합하여 알갱이가 통통하게 여물이 들게 하고 일생을 마쳤다. 온몸이 황금색으로 바뀌니 들녘도 온통 황금색 일색이 되었다. '어서 가실 해야 쓰겄네!' 주인의 말이 떨어지자, 콤바인 소리가 들녘에 퍼졌다.

추수가 끝나자 가을비가 촐촐 내렸다. 들녘은 금세 무논이 되어 하늘을 담아냈다. 흰구름의 틈새로 파란 하늘이 논배미를 내려다보았다. 구름은 황소 모습이더니 이내 용이 되어 하늘에 떠서 이리저리 스스로 몸을 섞어가며 여러 형상으로 태어나고 있었다. 그러는 사이에 콤바인 소리에 졸지에 몸통을 잃은 벼 밑동은 슬픔을 잊고 할 일을 찾았다. 스스로 제 몸을 물에 불렸다. 불린 밑동은 물관부가 되어 뿌리로, 땅속으로 제 한생의 색깔들을 내려 보내기에 바빴다. 땅속에서 겨울잠을 재우고 내년에 그 색깔 그대로 나타나고자 꿈꾸고 있었다.

가을은 풍만한 여인을 보내는 계절인가…. 서녘 하늘이 황금 빛깔로 불타고 있다. 그미는 아마 가을의 화신化身이었나 보다.

마마보이

해거름에 집을 나서는 길에 서촌 밭에서 당근을 캐고 있는 손주뻘 되는 부부를 만났다. 아까, 책 한 권을 전하러 아랫집에 들렀을 때는 인기척이 없더니 여기서 만난 것이다.

"여기서 일하네!"

차를 세우고 수필집을 내밀며 하는 말이다. 순간 오전에 보았던 동촌 밭의 후줄근한 고구마 넝쿨이 스쳐간다. 줄기는 주검이 되어 이랑을 덮고, 파란 잎새 한 잎 없었다.

"어째, 고구마 아직 안 캤데…."

그냥 건넨 인사말인데, 겸연쩍은 웃음을 보이더니,

"캐다 잡수세요, 할아부지*."

응대하는 말이 곱다. 사실 손주네는 농사일이 너무 많아

제때에 캘 손대가 없었던 것이다.

"그래 알았네."

확실한, 부정도 긍정도 아닌 대답을 흘리고 헤어졌다. 호의를 삭둑 자를 수도 없는 일이어서 잠시 두고 생각해 보기로 한 것이다. '캘까, 말까', 두 갈래 길이 되었다. 차를 달려 곧 집에 왔다. 식탁 위의 쪽박엔 찐 고구마가 담겨 있었다. 무서리가 얼풋 내렸을 때 텃밭에서 캐온 호박고구마다. 달보드레하니 먹을 만하다. 두어 자루나 되었지만 여기저기 주고 나니 벌써 바닥을 드러내고 있는 참이다. 캘 것인가 말 것인가. 고구마를 먹으면서도 생각 중이다. 그런데 아내는 달랐다.

"아깝기도 하고, 캐는 재미가 있지라우."

아내의 속마음이다. 말 대접으로라도 캐자는 쪽으로 의견을 내비치고 있다. 좀 늦게 캐도 괜찮다는 말을 딱 믿는 눈치다.

"암시랑토않다*고 합디여, 안."

아내는 은근살짝 내 마음을 돌리려 한다.

혼자일 때는 싫으면 핑계를 찾고, 좋으면 방법을 찾으면 되지만 지금은 상황이 다르다. 부부의 마음이 하나가 되어야 한다. '캘까, 말까…….' 썩 내키지 않은 마음과 캐고 싶은 마음 사이를 왔다 갔다 하는 아침나절이다.

아파트 옆 동棟에 사는 매제妹弟에게 전화를 걸었다. 전후 사정을 듣더니 '캐자'고 한다. '그래 캐자!' 세 사람은 고구마밭이 있는 고향으로 달렸다.

마마보이 이야기를 심심찮게 들어왔다. 젊은 부부가 이혼하러 가면서 제 엄마한테 어떻게 할 것인가를 전화로 물었다는 얘기가 떠올랐다. 차 안에서 나는 혼자 웃었다.

---

* 할아부지 명 '할아버지'의 방언(강원, 경기, 경상, 전라, 충청).
* 암시랑토않다: '아무렇지도 않다, 괜찮다'의 방언(전라).

우리들의 항아리

미국에서 가분수가 왔다고 빕새*가 연락해 왔다. 평생을 농사일에 시달린 무시*와 나, 초등학교 동창생 넷이서 점심을 먹기로 한다.

충장로 어느 식당으로 빕새가 정했다. 도청에 근무할 때 잘 아는 집이라 했다. 점심 식사가 얼추 끝날 무렵이었다. 무시가 괴춤*을 더둠더니* 오만 원권을 빕새에게 내민다. "니가 내냐?" 빕새는 아무렇지도 않게 받아들인다. 평생 새경을 받아 보았지만 봉급은 받은 일 없는 무시다. '저게 아닌데….' 하는 순간 상황은 정리되고 말았다.

무시는 우리보다 나이가 한두 살 많았다. 그래서인지 이해심이 많고, 초등학교 때부터 어떤 막히는 일이 생기면 그냥 웃었다. 화를 내는 일 없고…. 늘 형 같은 친구였다.

6 · 25전쟁 때문에 학교를 이삼 년씩 꿇리고 입학했던 터라 무시의 입장에선 우리가 동생뻘 되는 것으로 생각했던 것 같았다. 무시는 산속에서 동네와 좀 떨어져 살았기 때문에 외로웠는지 "우리 집에 가까?" 하는 말을 자주 했다. 추석이 며칠 안 남은 어느 날 우리는 정말 무시네 집에 갔다. 밤나무 숲을 실제로 보고 사랑방에서 남청색 명베 이불을 함께 덮고 하룻밤을 잔 적이 있다.

대추벌 같은 붉은 알밤을 잔뜩 주웠다. 집에 밤나무가 없던 나는 알밤을 볼 때마다 신기했다. 그 벌건 알밤이 어떻게 익어 가는지…. 온몸이 가시로 둘러싸인 밤송이 속에서 저렇게 예쁜 아람이 빠진다는 게 정말 신기했다.

학교도 산밑에 있었다. 우리는 점심 도시락도 산에 올라 함께 먹었다. 무시와 빕새는 산을 타고 학교에 오는 때도 있었다. 진달래를 꺾어 와 나누어 주는가 하면 산딸기를 따 올 때도 있었다. 한 학급짜리 우리는 졸업식이 있던 다음날에도 다시 학교에 모였다. 졸업이 뭔지도 몰랐던 우리들….

언제까지나 붙어다닐 줄 알았던 우리는 중학교에 가느라, 각자 흩어지고 말았다. 그러나 무시는 집에서 밤나무를 돌보며 농사를 지었다. 졸업 후 무시네 밤나무 아람이 벌기를 여러 번…. 몇 차례 동창회를 조직한다며 모이기도 했다. 우리들의 아지트가 되기도 했던 무시네 집이었다.

세월 따라 무시네 집에도 변화가 찾아왔다. 밤나무 숲이던 야산에는 금발의 서양 아가씨의 커다란 유방 같은 잘 단장된 멧등* 두 봉씩이 산속에서 주인 노릇을 시작했다. 어릴 적 잠을 잤던 사랑방도 비게 되었다. 집 전체를 거미가 주인 노릇을 하는가 싶더니, 밤나무에 살던 벌들이 집 귀퉁이마다 제 집을 지었다. 그러는 사이 너른 마당에는 개망초 꽃만 흐드러지게 피었다.

무시가 떠나고 돌보지 않은 밤나무는 고목이 되어 구세가 먹었다. 집은 헐리고 지금은 그 자리에 재각齋閣이 덩실하게 앉았다. 밤나무는 태풍에 '아이고 나 죽네.' 중둥이 자끈동 부러지며 장꽝을 덮치고 말았다.

우리네 우정이 모여 살던 무시네 집이었는데…. 우리네 우정은 마지막까지 고향집을 지키던 항아리 속에 숨어들었다. 우정의 항아리엔 바람이 '휘잉' 노래도 불러주었다. 비가 와 빗물이 고이니 흰 구름이 내려다보며 '뭐 하니?' 말을 걸어 왔다. 우리네 우정은 우정답게 배부른 항아리의 울림으로 답을 해야지….

장꽝 한 구석지
알텍 빠진 항아리 하나

추억이 아람처럼
빠지던 고향 항아리

이젠 알밤이 살지도
풋감을
우려내지도 않는다

친구네 나락 논 참새 떼
밤나무 중둥 자끈동 부러지자
간 떨어지게 놀란 뒤에는

'후여 후여…'
새 보던 새막엔 도깨비
산다는 소문이 돌았다

도깨비는 논에도 마당에도
개망초꽃으로 하얗게 피었다

도깨비에 쫓기어
고향도 항아리도
구름 타고 둥 · 둥 · 둥…

석양의 노을들이
항아리를 맴돌 때
항아리 속에선 별호들이

어린 별호들이 손만 흔들고…

* 빕새 명 '뱁새'의 방언(전라).
* 무시 명 '무'의 방언(경상, 전라).
* 알텍 명 '그릇의 시울'의 방언(전라). ㊒ 알테기

이사移徙

태풍 '노루'가 북상한다는 예보다. 내 머릿속은 온통 태풍으로 차고 만다. 섬 학교에 근무하던 때, 발령이 나고도 며칠째 부임을 못하게 했던 태풍이 떠오른 것이다.

그때 창밖에는 장대비와 우연雨煙뿐이었다. 운동장을 벌써 호수가 되어 물방울들의 놀이터가 되었고, 우연은 부옇게 천지를 점령하고 있었다. 교무실 유리창은 빗방울들이 투신하는 비명 소리로 시끄러웠고, 창문은 통째 덜거덕덜거덕, 살려 달라 애원하고 있었다. 그러나 태풍은 '꼼짝말라'며 제 갈 길만 가고 있었다. 그때는 비바람을 다스리는 신神과 평소에 친했으면 얼마나 좋을까, 부질없는 생각을 해보기도 했다.

선생님들과 싸가지고 간 도시락을 펼쳐놓고 교무실에서

빙 둘러앉아 점심을 먹고 있을 때였다. 교무실 전화가 울렸다. 바깥소식은 오직 저 전화를 타고 오는 것뿐이어서 누구나 무심치 않았다.

"오 선생님, 전화 왔어요."

사환 아가씨의 말이다.

"어디서…?"

교육청이라며 수화기를 건네준다.

"여보세요? 네, 네에 네. 알았습니다."

나는 연해 대답만 하고서 통화는 끝이 났다. '여기 온 지 겨우 일 년 남짓인데 또 짐을 싸야겠구나! 한 삼 년은 있으려 했는데, 세상에 뜻대로 되는 일이 없다니까….' 전화를 받는 순간 내 마음을 스쳐가는 생각들이었다.

"오 선생님, 발령 났지요?"

자리에 앉자마자 함께 점심을 먹던 선생님 한 분의 말씀이다. 내 표정에서 통화 내용을 훤히 읽어버린 모양이었다. 담박*에 속마음까지 알아버린 선생님의 빠른 회전이 놀라웠다. 마음 하나 어쩌지 못하고 그대로 표정에 나타내버린 나는 어리버리한* 촌닭이었다.

"태풍이 소멸되는 대로 서둘러 부임하겠습니다."

임지 학교에 전화를 넣었다. 근데 전화를 끊는 뒷맛이 어째 땡감을 깨문 맛 같았다. 그러나저러나 광주에 가면 짐을 넣을 방이나 있는가. 발령 받은 학교 부근 복덕방에 전화를 넣었다. 집을 얻어 볼 요량이었다. 마치 신붓감을 선도 안 보고, 혼인날을 받은 거나 마찬가지였다. 그러나 이러고저러고 할 형편이 못 되는 걸 어떻게 하겠는가. 방이 하나 있다니 계약을 서둘렀다. 단독주택 2층이란다. 계약이 끝나자, 날이 들기만을 기다렸다.

이틀이 지나자 비바람이 머춤했다. 배는 출항을 서둘렀고, 식구들과 광주에는 도착했다. 한시라도 빨리 부임을 해야 한다는 생각에 걸음을 재촉했다. 짐을 내리지도 않고 착임신고부터 했던 것이다. 학교는 학교대로 발령 난 지 언젠데…, 하는 눈치였다. 말끝이란 게 참 묘한 것이어서 개살구 먹은 뒷맛이었다. 이왕 늦은 것이니 저녁에 웃어른을 찾아뵙고 내일 아침에 부임할 걸 그랬나, 싶었다. 어떻든 이사를 마치고 정상 출근을 하게 되었다.

여유가 좀 생기자 삶의 근거지를 옮기는 것만이 이사가 아니라는 생각이 들었다. 부모님 돌아가신 지 이미 오래다. 아버지는 고향 마을에서 태어나서 고향에서만 천수를 다하셨다. 어머니는 잔등* 하나를 넘어 시집 와 새집을 짓고, 한 세기 가까이 살다가 돌아가셨다. 그런가 하면 손주들이 내 품에 찾아와서 잘 적응하고 자라서 학교에 들어갔다. 큰 손주는 금년 봄 중학생이 되었고, 손녀는 5학년 진급을 했으며, 작은아들 손주도 초등학교에 입학하여 새롭게 인연들을 지어가며 좋아하고 있다.

이 모두가 하나의 이사였다는 생각을 해 본다. 이사라는 게 무슨 뜻을 담고 있을까? 사는 곳을 다른 데로 옮기는 것만이 이사이겠는가. 우리는 어디서 이 지구상에 이사 와 살다가 또 어디로 이사를 떠나는 것은 아닐는지. 식물도 이사를 한다는 엉뚱한 생각도 해 본다. 뿌리가 지심으로도, 사방으로도 뻗어나가는 것이 이사요, 몸통이 나이테를 불리며 아람드리*로 자라고, 하늘을 찌르게 높이 솟는 것도 이사가 아닐까.

삶이란 너와 내가 자연에 순응하며 새로운 인연을 지어가는 일이 아니겠는가 하며, 인因과 연緣으로 얽힌 세상사를 생각해 보는 것이다. 사는 것 자체가 이사란 생각이 들기도 한다. 이사로 지어진 너와 나의 새로운 인연들이 쌓인 것, 그것이 현재의 내 모습이 아닐는지….

이런 때 – 아직 덜 우러난 장물을 쏟아버리고 메주덩이만 건져 짐을 싸던 때, 이사한 날 저녁 연탄가스가 부옇게 새어들어 3형제를 데리고 무사히 귀항할 수 있을 것인가. 걱정으로 밤을 새우던 때, 꽉*믿었던 발령이 나지 않아 쌌던 이불보따리를 다시 풀던 때, 타관에서 오해를 받으며 텃세를 당하던 때 – 는 이사 없이 살면 얼마나 좋을까 하는 생각도 했다. 그러나 긴긴 인생길에서 오고 가는 일이 없으면 성장의 새 뿌리가 허옇게 뻗어나는 모습은 어디서 본다는 말인가. 튼실하게 뿌리를 내리고, 윤기 자르르 흐르는 잎은 삶의 활력소가 아니던가.

새로운 얼굴들과 새로운 사물들과 새 인연을 짓는 일은 얼마나 황홀한 일인가. 태풍의 눈에서 환웅이 거느린 풍백風伯과 우사雨師를 만났다. 태극선을 든 풍백, 식물의 파란 잎을 든 우사를 새롭게 만난 것이다. 두 분이 내 상상의 눈에는 태풍의 신이 되어 도폿자락 휘날리며 대한해협에 나타나고 있었다.

이사는 새로운 인연 짓기라는 생각을 지그시 다지며, 저녁에도 태풍 '노루'에 대한 예보를 듣고 있다.

---

* 담박 명 '단박(그 자리에서 바로를 이르는 말)'의 방언(전라).
* 잔등 명 '고개'의 방언(전라).
* 아람드리 명 '아름드리'의 방언(전라).
* 어리버리하다 형 '정신이 또렷하지 못하거나 기운이 없어 몸을 제대로 놀리지 못하고 있는 상태이다. ⇒규범 표기는 '어리바리하다'이다
* 꽉 부 '꽉'의 방언(전라).

대봉산 말뚝

오랜만이네. 잘 계신가? 나 한메네. 이태 전에 인간세상에서 93년을 살다가 이쪽에 온 한메란 말일세. 여기 올 때, 무거운 것은 다 놓고 와 몸도 생각처럼 가볍네. 거기서는 나를 만나 볼 수 없게 되었다고 슬퍼들 했었다지, 응. 난 마음만 내면 누구라도 만날 수 있고, 어디든지 갈 수도 있다네.

2박3일 청산도 기행 마지막 날 새벽이었다. 어제 찻집 '상서 돌담 마을'에서 대봉산을 눈앞에 보며 한메 선생 얘기를 나눴기 때문일까. 꿈결에 선생님을 뵈었다. '무거웠던 것들'이란 무엇이었을까. 평생 하신 일은 학생을 가르치고, 수필을 쓰고, 산을 오르고, 술을 좋아하신 일밖에는 다른 생각은 없는 듯한 생활이었는데…. 이승의 것을 저승에 가지고 가는 분이 어디 있을까. 품었던 마음까지도 다 하늘에 고하고 가는 길이 아닐까. 몸을 부릴 때, 모든 끈을 다 끊고, 내려놓을 것 다 내려놓고 가시는 것 아닌가. 가신 뒤로 처음 뵈었으니 몇 마디 말씀이나 여쭙는다.

"교직에 계실 때 교무실에서 불렀던 별명은 잊지 않으셨지요?"

"에이, 이 사람아! 동료들이 '논두룩에 말뚝'이라고 불렀던 것 말인가?"

"선생님은 말을 하도 아끼고, 껀정한 키, 털렁한 귓불로 영락없는 부처님 상호를 하고 '말뚝'처럼 말없이 서서 생각에 잠기던 모습에서 붙여진 별호였지요. 그럼 학생들이 붙인 별명은 아시나요?"

"아매*, '코삐레스'라 했을걸. 술을 좋아했으니…."

"오늘, 대봉산에서 뵈어요. 오시면 딸 마나도, 첫 수필집 『마음의 고향』을 펴낸 예원출판사 제자 선식이도 만날 수 있겠네요."

"응, 그렁가? 가고말고."

"제가 고등학생일 때였습니다. 도농교류都農交流 인사원칙에 따라 시골로 떠났다가 곧 다시 오셔서 하신 인사말씀 기억하셔요?"

"가락해서* 가고, 오락해서 온 송규호요, 했던 인사말 말이제?"

"1천5백 건아의 박수를 받았습니다. 간단명료하고 해학이 깃든 그 말씀."

"광주 동명동 집 근처 '신지다방'에는 가끔 들르시나요?"

"자네들 수필 공부할 때나 모였던 곳 아닌가."

"수필 지도 말씀 생각나셔요? '여그는 좋고, 거그*는 좀 더 생각해사 쓰것구만….' 세세한 말씀은 없으셨습니다."

"그럼, 산에서 보세."

한 마디 남기고는 홀연 떠나셨다. 대봉산은 명산도, 높은 산도 아니다. 선생에게 등산의 씨앗이 된 산이다. 그도 그럴 것이 여기서 시작된 등산이 국내·외 유명한 산을 두루 다닌 계기가 되었다. 외국의 산만 해도 45개국이나 등산을 목적으로 다녀왔으니…. 그리고 평생 쓴 수필 525편 중에 대표작으로 치는 「메아리 없는 대봉산」이 태어난 산이다. 여덟 살 되던 해 봄, 청산보통학교의 훈도로 있는 당숙을 따라 청산도靑山島로 유학을 왔었다. 할머니 손에 자란 한 메는 대봉산에 올라 금당도 쪽을 바라보며 '할머니'를 부르곤 했다.

양지마을 지나 백련사 경내에 들어서니 동백꽃이 곱다. 마나와 후배는 동백숲 사이로 빨간 동백꽃같이 아름다웠다. 등산로는 절에서 가꾼 흔적이 뚜렷했다. 산길엔 베어진 풀들이 뿜어내는 상긋한 풀내음이 때맞추어 내리는 가을비를 타고 강물로 흐르고 있었다. 여기서부터 젊은이 둘은 성큼성큼 앞서고 있었다. 나는 혼자 풀숲 내음과 길가에 피어난 구절초와 마음을 나누며 천천히 걸었다.

얼마쯤 가자 쌍갈랫길이었다. 어! 그런데 '말뚝' 선생이 거기 서 계셨다. 갈림길에서 목비木碑로 서서 길을 안내하고 있었다. 말은 없다. '좌냐, 우냐' 표지판을 보라는 눈짓이다. 대봉산 정상을 오르는 길은 오른쪽이었다. 자연에 맡겨 논 산길은 억새숲 속에 숨어버렸다.

키를 넘긴 억새숲 속을 헤치며 두 젊은이는 가뭇없이 사라졌다. 김유정의 「동백꽃」을 생각하며 한 발짝 한 발짝 힘겹게 헤쳐 나갔다. 한참을 걸었을 때였다. 길도 심심했던지 돌길이 잠깐 나타났다. 숲에서 헤어나자 하늘을 보며 '야! 상봉이 저긴가!' 하는 순간 잠깐 헛눈*을 팔았을까. 돌 틈새에 발이 끼여 넘어지고 말았다. '넘어진 김*에 쉬어나 가자.' 돌 틈서리에 낀 발 그대로 두고 가장자리 풀숲에 기댔다. 누우니 나도 곧 억새가 되고 말았다. 눈 감으니 아늑했다.

"어이, 오늘 자네 그럴 줄 알았네."

씨익 웃으시며 말뚝 선생이 한 말씀 하신다.

"어이, 억지로 빼려 하지 말소. 들어간 발이니 빠질 날 있을 것이 아닌가."

말뚝! 말뚝은 곳곳에 있다. 얼핏 보면 있으나 마나한 말뚝이지만…. 영광 서해안 일주도로 앞 너른 갯벌에도 말뚝은 있고, 금강산 여행길에서도 말뚝을 보았다. 갯벌의 말뚝은 바닷새의 쉼터요, 썰물과 밀물의 정도를 알려주는 가늠자 노릇도 한다. 논둑의 말뚝은 어떤가. 너른 들판의 기준점으로, 내 논 네 논의 경계 표시가 아닌가. 말뚝은 수호신이자 때로 육지의 길 안내자요, 바다의 등대가 되기도 한다.

여시비* 내리는 길섶에 누웠으나 아슴아슴 눈은 감긴다. '정신을 차리자. 몸을 일으켜야지.' 돌 틈서리에 끼인 오른쪽 발목을 두 손으로 붙잡고 위로 쳐들어 본다. 돌의 뜻을 거스르지 않기로 했다. 수직으로 돌과 나란히 발목을 세웠다. 왼발로 몸을 지탱하면서 두 손을 모아 슬며시 뽑아 올렸다. 완강하게 저항하던 돌들이 순해진 듯했다. 아, 돌이 놓아준 오른쪽 발목을 절뚝거리며 상봉을 찾아간다.

"천천히 올라와. 욕심 부리지 말고…. 오늘 못 오르면 어쩌간디."

선생님의 말씀을 따라 오르니, 드디어 정상이다. '대봉산 해발 379m.' 돌비는 말이 없다. 돌비를 가운데 두고 오른쪽에 마나가, 왼쪽에 두 제자가 서니 '대봉산 말뚝'이 환생幻生했다. 석양을 받으며 하산이다.

얼마쯤 내려오다 뒤를 돌아다보았다. '대봉산 말뚝'은 한메 선생의 환상幻像으로 금당도 쪽을 향하여 '할머니…'를 부르고 있었다.

* 두룩 명 '두둑'의 방언(경상, 전남).
* 오락해서 : '오라고해서'의 방언(전남).
* 거그 대 '거기'의 방언(전라).
* 아매 부 '아마'의 방언(강원, 경상, 전라, 제주, 충북, 함경, 중국 길림성, 중국 흑룡강성).
* 헛눈 명 다른 곳을 보는 눈. ⇒규범 표기는 '딴눈'이다.
* 짐 명 '김'의 방언(강원, 경상, 전라, 충청).
* 여시비 명 '여우비'의 방언(전남).

613호실 환자

새벽 병실에서 눈이 떠졌다. 옆에서는 아직 오밤중처럼 조용하다. 나는 뒤집힌 거북이가 되어 병상에 누워서 이 생각 저 생각을 하고 있다. 벌떡 일어나지 못 하고 뜸을 들이고 있는데 병상病牀이 나에게 말을 걸어오는 게 아닌가. '그래, 너라고 할 말이 없겠냐.' 함께 먹고 자고 문병객도 맞고, 메모도 하는 귀중한 공간이 되었는데….

얼마쯤 지났을까. 오줌이 마렵다. 어제 크게 놀랐던 탓인지 소변 길이 바빠졌다. 화장실 거울 앞에서 고개를 요리조리 돌리며 몸 상태를 살펴보았다. 거울 속의 나도 무슨 말을 하려다 말고 귀를 항아리처럼 열고 있다. 참 용한 일이다. 만나는 것마다 재들이 먼저 입을 열려고 하고 있으니 말이다. 장애인용 소변기 앞에 섰을 때다. "맘 놓고 나한테

오세요. 입원 전만 해도 누가 저걸 붙들고 서서 일을 보나 생각했지요." 듣고 보니 내 마음을 읽고 있었다. 또 손을 씻으러 꼭지를 트니 세면기에 '쏴!' 쏟아지는 물이 제 이야기를 먼저 시원하게 전하는 게 아닌가.

신새벽*이라 아무도 없으니 부끄러운 줄도 모르고 몸의 구석구석을 거울에 비춰 본다. 어디 크게 표 나게 다친 데는 없다. 겉으로 보기에는 어제 낮부터 잠을 너무 오래 잔 탓일까, 얼굴이 부시시*할 뿐이다. 밑으로 허벅지에 잉크빛 멍이 들어 있는 것 말고는 다 성성하다*. 얼굴은 피부로 말하고, 허벅지는 '퍼런 멍'으로 말을 하고 있는 것일까?

내, 몸의 겉은 보았지만 속은 알 수가 없다. 거울에서 몇 발짝 물러나서 맨손체조를 해 본다. 몸의 구석구석이 전하는 말을 듣기 위해서다. 준비운동을 하고는 숨쉬기를 거쳐…, 팔다리운동, 숨고르기까지 열두 동작의 국민보건체조가 다 끝나도 어디 한 곳 절린* 데도 나타나지 않는다. 몸속도 어디 절딴* 난 곳은 없다는 신호다.

어제는 하남대로 편도 4차로를 달렸다. 점심시간 무렵이라 차도 뜸했다. 육교 밑에서 신호를 받고 출발하여 채 오 분도 못 달렸을 때였다. "꽈당 탕!" 천지개벽하는 소리가 꿈결인 듯 들렸다. 순간 '사고구나!' 생각했다. '청각'과 '생각'이 동시에 깜빡했던 졸음(?)을 쫓아냈다. 사고의 주범이 멀리 도망친 뒤에도 생각은 계속 말거리를 장만했다. 승용차는 무뚝뚝한 표정을 하고 침묵으로 말하는 전봇대*와 뭐하러 맞장을 떴을까. 차는 생각이 없는 탓이다. '나는 지금도 생각한다. 고로 나는 아직 죽지 않았다.'고 생각했다.

그나저나 누가 나를 뒷좌석으로 옮겨 놨단 말인가? 얌전하게 운전석에서 안전띠를 매고 가던 나를 말이다. 그 '누가'의 정체는 아무도 말해주지 않았다. 내 생각조차도 입을 다물었다. 승용차는 눈은 깜박거리며, 배아지*를 하늘로 쳐들고 뒤집힌 거북이가 되어 있었다. 평소 질주하던 패기는 간데없고 '살려 주세요, 살려 주세요, 나 좀 살려 주세요' 빠르작거리며 퀭한 눈을 하고 애원하고 있었다. 모든 작동이 멈춰버린 차의 밀폐된 공간에, 나는 갇힌 몸이 되고 말았다. '탈출하려면 부숴야 해.' 생각의 명령을 따라 발로 차창을 냅다 차 보았다. 차창은 '어디, 해 볼 테면 해 봐라.'는 듯 '틱틱'하며 아무렇지도 않게 삼켜버렸다.

그러는 사이에 엔진 쪽에서는 두 줄기 불씨를 품은 하얀 연기가 나를 향해 다가오고 있었다. 저승사자도 소복을 하고 그 연기를 타고 나를 잡으러 오는 것 같았다. 곧 때만 되면 '쿵쾅 쾅!' 원자폭탄 같은 불기둥을 뿜어낼 기세였다. 정신이 혼몽해지면서 환幻의 세상이 되고 말았다. '콰앙! 쾅! 쾅!….' 귀청을 째며, 불기둥이 솟구쳤다. 독에 갇힌 쥐처럼 눈알이 벌게지면서 앞이 흐릿했다. 어떻게 해 볼 도리가 없었다. '폭발의 순간을 안 보면 되겠지.' 단두대의 사형수처럼 눈을 감아버릴 수밖에…. 감아버린 눈앞에는 화산이 시뻘건 용암을 뿜고 있었다. 벌렁 누워버린 승용차는 꼼짝없이 화산재를 둘러쓰고, 쓰나미 파도 속에 묻혔다. 나는 깜짝 지늘키고* 말았다.

내 생각도 멎어버렸다. 이제 말을 걸어올 대상도 없다. 남은 건 실낱 같은 본능뿐이다. 눈을 감은 무의식의 상태에서도 탈출구를 찾는 손을 연해연방 내둘렀나 보다. 어쩌다 보니 어! 손이 밖으로 나가는 기분이 들었다. 탈출구…? 정신이 번쩍 났다. 트렁크 위쪽 유리가 깨져 있었고, 뒷좌석의 등받이가 커튼처럼 드리워져 밖을 가리고 있었다. 땅바닥의 깨진 유리가루에 손을 짚고, 머리를 밖으로 막 내밀 때였다. 양 어깻죽지에 따스한 손길이 닿았다. 젊은 119대원이 "괜찮으세요!" 말을 건네 왔다.

초가을 비가 추적추적 내리고 있었다. 빗방울에 섞여 내 눈물도 주르르 흘렀다. 구급차가 '삐오삐오' 제 목소리를 내며 병원으로 달렸다. 드디어 나는 613호 6인실 병상 주인이 되었다. 환자복으로 갈아입으니 병상이 먼저 자불자불* 말을 걸어 왔다.

나는 병상에 누워 '사물과의 교감'을 생각하다가 빠르작거리는 거북이 등을 타고 상상의 세계를 날고 있었다.

* 신새벽 명 '날이 새기 시작하는 새벽' ⇒규범 표기는 '첫새벽'이다.
* 부시시 부 '부스스'의 방언(전라).
* 성성하다 형 '꽤 성하다'의 방언(전라).
* 절리다 동 '결리다'의 방언(전라).
* 절딴나다 동 '결딴나다'의 방언(전라).
* 전붓대 명 '전봇대'의 방언(전라).
* 지늘키다 동 '가위눌리다'의 방언(전라).
* 자불자불 부 '수다스럽게 말하는 모양'의 방언(전라).

2015, 문창수 합의문

눈앞에 몇 사람이 아름아름 얼씬거렸다. 어렴풋이 들리는 얘기는 수필의 허구에 대한 얘긴 것 같았다. 반가웠다. 안으로 들도록 안내했다. 몽테뉴, 홍매 그리고 문창수文創隨였다. 햇살 고운 날 나의 서재에서 있었던 일이었다. 연극을 보는 것 같았다. 꿈에도 그리던 세 분을 함께 뵙게 되다니. 기적이었다. 가계家系의 혈통을 바로 잡을 수 있는 절호의 기회라 생각했다. '수필 문중 모임이라 자칫 끝없는 논쟁이 될 수 있겠는데….' 시간과 말을 아껴 의제에 대한 논의를 빨리 마쳐야지. 나는 스스로 의장이 되어 회의를 진행하고 있었다.

의장: (구면인 듯 반기며) 같은 문중에서 오셨지만 서로

들 초면일 텐데, 자기 소개부터 하시지요. 아랫목 쪽에서부터….

몽테뉴: (자기 차례인가 확인하며) 저는 482세 먹은 몽테뉴올시다. 프랑스에서 태어났지요.

홍매수: (장유유서를 생각한 듯 의장을 흘겨보며) 중국의 남송 때에 태어난, 나 홍매는 올해 892세요. 모처럼 한국에 왔습니다. 한국의 수필계에선 내 뜻과는 달리 수필을 말하고 있으니, 여기서는 홍매가 아닌 홍매수洪邁隨라 불러주시기 바랍니다.

문창수: (나이에 눌릴 수 없다는 듯 또랑또랑 하게) 저는요, 한국에서 태어난 지 8년째 되어갑니다. 문창수文創隨란 애칭으로 불리는데요. 원이름은 '창작문예수필'이랍니다.

의장: (생각을 더듬어) 오늘은 수필문학사에 큰 획을 긋는 날이 될 수도 있겠습니다. 시 · 공을 뛰어넘은 분들의 모임이니 말입니다. 가문의 내력부터 한마디씩 해 주시기 바랍니다.

몽테뉴: (회고하는 듯) 수상록 『Essais』의 '저자로서 독자에게'라는 서문에서 말씀드렸습니다만…, "책의 주제는 내 자신이고, 나는 나의 내부를 본다. 아무도 자기 속을 성찰하려 하지 않지만, 나는 항상 자기 내부를 본다."고 엣세의 성격을 밝힌 바 있습니다.

홍매수: (뜻밖이란 듯…) 잡문이 뭡니까. 수필이 '여기의

문학', '변방문학', '서자문학', '신변잡기', '수필도 문학이냐'는 손가락질을 받는 줄도 모르다가 한국에 와서 처음 듣는 소립니다. 내 책 『용재수필』 서문에서 말했습니다. "나는 게으른 탓으로 책을 많이 읽지 못했으나, 그때그때 혹 뜻한 바가 있으면 앞뒤의 차례를 가려 챙길 것도 없이 바로바로 메모하여 놓은 것이기 때문에 수필이라는 명칭을 붙이게 되었다(予習懶, 讀書不多, 意志所之, 隋卽紀錄, 因其後先, 無復詮次, 故目之曰隨筆.)." 여기서 보시는 바와 같이 "바로바로 메모하여 놓은 것이기 때문에 수필"이라 했는데 그만…. 이 대목에서 오해를 한 듯합니다. 저자인 제가 확실히 말씀드리겠습니다. 수필隨筆 즉 '붓 가는 대로'는 문학 이론이 될 수 없고, 단지 '메모 방식'의 글쓰기라는 뜻일 뿐입니다.

문창수: (결연한 태도로) 저는요, 몽테뉴가 시조할아버지고요, 찰스 램을 중시조로 모십니다. 시조할아버지 DNA의 '시험하다'가 242년 뒤에 '창작'의 형태로 진화하여 제가 태어난 셈이죠. 제 이름을 지어준 분은 이관희 샘아저씨입니다. 우리는 갑오경장(1894) 이래 고전문학적 방법을 벗어나 현대문학적 창작론을 접하게 되었습니다. 우리에게는 창작이란 고유한 개념이 없다고 지적해준 분은 김동리입니다. 창작문예수필인 저를 알아보는 간명한 방법은 내용이 '상상 · 상상적'이냐, 아니냐를 따져보면 됩니다. 제 상상력의 세계는 시나 소설의 상상력의 세계와 전혀 다릅니다. '사물

의 마음의 이야기' 즉 사물과의 교감의 상상력의 세계이기 때문입니다.

의장: (창작론은 확실하게 해 두려고) 문창수 님! 창작문예수필은 어떤 형식의 문학인지 덧붙여 말씀해 주시면 고맙겠습니다.

문창수: (신이 나서) 다 잘 알고 있겠습니다만 문학의 양대 산맥은 운문문학과 산문문학이 아닙니까. 산문수필과 창작문예수필은 시문학에 속하고, 에세이는 산문문학에 속합니다. 그러하니 창작문예수필의 '사실'의 소재는 '역사적 · 정보적 사실'이 아닌 '경험 기억의 잔상'으로 이미 변질 · 왜곡된 기억입니다. 그러므로 에세이의 '사실의 소재'의 성격과 개념과는 전혀 다를 수밖에 없습니다. 이 변질 · 왜곡된 사실의 소재를 문학 작품 속으로 끌고 들어와서 '온전한 상상적 사실의 소재 세계'의 작품을 만드는 것입니다. 시는 '사실의 소재'를 가지고 창조적 언어 세계라는 '상상적 · 허구적 세계'를 만드는 문학이고, 소설은 '사실의 소재'를 가지고 '허구적 서사 이야기를' 창조하는 문학입니다. 창작문예수필은 시도 하지 않고, 소설도 하지 않는 '변질 · 왜곡된 기억 속의 사실의 소재를 가지고 '허구적 사실의 소재 형식'을 창조하는 문학인 것입니다. 여기서 '허구적'이란 말을 '상상적', '창조된', '문학화 된'으로 바꿔서 생각해도 무방합니다. 어떻든 '사실'의 소재 앞에 〈허구적〉이라는 용어를

붙이게 된 본질적 · 이론적 근거가 무엇이냐고 딱 떨어지게 대답해 달라고 하면 '변질 · 왜곡된 정서적 경험 기억의 잔상'을 의미한다고 답을 할 수 있습니다. 새로 개발된 이론이라 이해가 어려우면 정신분석학, 심리학, 뇌과학을 들여다보시고, '수필은 새빨간 거짓말'이란 평론을 보시면 참고가 될 것입니다.

의장: (창작론을 심각하게 듣는 두 분을 살피며) 수고하셨습니다. 이제 창작과 관련지어 한 말씀씩 해 주시기 바랍니다.

몽테뉴: (창작론에 고개를 끄덕이면서도 창작문예수필을 의식한 듯) 에세이는 '나' 형식의 문학이며 '사실의 소재 형식'으로 비창작 일반 산문문학입니다. 그러므로 창작적인 변화에 제한을 받습니다. 그러나 에세이의 문학성은 이미 있었던 역사 · 정보적 사실을 인용하는 '사실성'에 있습니다. 더 말씀드리고 싶은 것은 '엣세'는 조국 프랑스에서 막 태어나자 붙여진 이름이고 '에세이'는 영국에서 붙여진 이름입니다. 그리고 에세이에서 바로 창작문예수필이 탄생한 것은 아닙니다. 백철 · 조연현이 말한 '창작적인 변화를 용인하는 일반적인 산문', 즉 수필이 다리를 놓았습니다. 이 산문수필의 개념은 '실험적 형식의 창작적인 산문문학'이라고 정의할 수 있겠습니다.

홍매수: (딱하다는 듯) 태산에서 머물다 한국에 와보니

자칭 수필가들은 소재의 나열을 수필로 생각하고 있는 듯합니다. 내 저서 『용재수필容齋隨筆』 서문의 뜻도 이해를 못 했으니 참…. 문학 이론 공부는 안 하고 어깨너머로 잘못 들은 내용을 금과옥조로 여겼더군요. 이름만 따다 썼으면 좋았을 '수필'에다 억지 이론의 옷을 입히기도 하고….

문창수: (자신 있는 표정을 지으며) 몰튼과 조연현의 말을 빌려 말하자면 창작문학은 시에 속하는 것으로, 그 문장 형식 여하를 불구하고 '존재의 총계에 부가'하는 창조적인 문학이 되는 것입니다. 그러니까 창작문예수필의 창작 개념은 '시적 발상의 산문적 형상화 양식'의 문학이며, 독자적인 작법 개념은 '구성적 비유의 존재론적 형상 창작'입니다. 예술 창작의 기본 구조는 '이것'이라는 소재를 가지고 '저것'이라는 새로운 존재론적 작품을 형상화 하는 데 있지요.

의장: (세 사람에게 신뢰의 눈빛을 보내며) 오늘 의제가 의외로 쉽게 풀려갑니다. 말씀마다 문학이론으로 옳기 때문입니다. 회의 결과를 토대로, 우리 수필계에서 꿈의 목표로 삼아야 할 합의안을 도출하면 좋겠습니다. 끝으로 의견을 간단히 요약해 주시고, 합의문은 홍매수 선생이 주도하여 작성해 주시기 바랍니다.

몽테뉴: (좀 불만스런 표정으로) 에세이는 '사실의 소재 형식'을 끝까지 고수할 겁니다. 에세이는 사실의 소재 자체를 작품 안으로 끌고 들어와 작품의 제재로 삼는 문학이

아닙니까? 이것이 에세이, 한국에서 수필이라고 불리는 장르의 태생적 본질이고요. 참, 일반 산문문학과 창작문학은 우열의 관계가 아니고, 각기 다른 문학적 직능을 가진 창조적 상생 관계라는 걸 알아주시기 바랍니다.

홍매수: (처음의 실망이 가신 듯) '용재수필'의 '수필'이란 이름이 유죄가 되었습니다그려. 한국의 수필가들이 공부를 열심히 하여 에세이를 쓰든지, 창작 에세이를 쓰든지 소재에 따라 결정할 일이되 수필의 위상을 높여주었으면 합니다.

문창수: (흡족한 표정을 지으며) 수필의 현대문학 이론화 운동이 활발하게 이루어지겠습니다. 홍매수 선생님, 오늘 큰 가르침 주셨습니다.

합의문

하나, 에세이의 시조는 몽테뉴이고, 창작에세이는 찰스 램이 완성자다. 두 장르가 함께 발전하도록 힘쓴다.

둘, '붓 가는 대로'는 잡문(메모)론으로 단 한 줄의 창작론도 없다. 이에 우리는 이를 공개 부정, 폐기한다.

셋, 창작문예수필문학이 제3의 창작문학이 되면서, 이제 변방문학 시대를 청산하고 문학의 중심부에 서게 될 날을 기대하며, 작품 창작과 이론 개발에 온 힘을 쏟는다.

나는 합의문을 건네받았다. 의장으로서 합의문을 낭독하고 의사봉을 '탕 탕 탕' 힘차게 치는 소리에 스스로 깜짝 놀라 정신을 차렸다. '허구적 사실의 소재 형식'을 공부하다가 서재에서 잠깐 낮잠에 빠졌던 것이다.

4부

겨울 싱건지

겨울은 해도 짧다. 볕기氣가 약해지는 해름참이면 녹았던 마당이 얼기 시작했고, 처마 끝에선 고드름이 길어졌다. 큰 눈이 올 성 부르면 해가 지기 전에 저녁을 일찍 지어먹고 따뜻한 구들방에서 겨울밤을 보내야 했다.

학창 시절, 밤도 깊어서다. '스스슥 슥 스슥' 지창紙窓이 내는 소리에 가만히 방문을 열었다. 마당도 지붕도 하늘도 하얗다. 함박눈이 내리고 있었다. 고샅의 대나무도 오시는 눈을 받아 이고 우듬지는 휘어 있다. 세상이 온통 눈빛이다. 마당도 지붕도 앞산도 한 빛이다. '스르륵 스르륵 슥슥' 대나무들이 댓잎 가지에 쌓인 눈을 털어내는 소리다. 정적靜寂을 깨는 그 소리는 '이런 풍년 내려주셔서 감사합니다.' 머리 숙여 절하고 있는 대나무들의 음성이었다. 함박눈 오시는 밤에는 대나무도 신선이 되어 구부정한 모습으로 함박눈을 타고 선계로 떠가는 것 같았다.

화롯불도 사그라졌다. 숭늉 한 모금으론 달랠 수 없게 뱃속은 출출했다. 나는 방학 숙제를 하다가 마루에 서서 오매! 흰쌀이나 이렇게 하늘에서 내려주셨으면 쓰것네*. 하면서 큰방으로 갔다.

"밥이나 한 술 먹을래…."

어머니의 말씀이다. 내가 작은방에서 건너온 속내를 알고는, 아랫목에 싸두었던 밥그릇을 꺼내 놓으셨다. 저녁 먹고 남은 밥을 묻어두었던 것이다. 바느질손을 밀치고 부엌에서 무청을 달고 있는 싱건지를 대접에 담아오셨다. 밥 한 덩이와 싱건지 한 대접, 호롱불 밑에서 격식도 없이 달게 먹었다. 숟갈을 이용해서 박속나물 훑어내듯 떼어내어 한 입 넣고 아삭아삭 깨물어 먹었다. 간이 삼삼한 싱건지와 온기가 남아 있는 밥의 궁합은 일품이었다. 통째로 놓고 먹던 그 담백한 맛은 원초적인 맛이었다. 모든 맛의 원형이 아니었을까. 지금도 그 싱건지를 생각하면 입 안에 침이 한입 돌곤 한다. 정제* 바라지* 틈새로 받아들인 설월雪月과 아궁이의 온기로 부엌에서 잘 익은 싱건지였다.

함박눈 오시는 밤에는 문풍지도 울음을 멎는다. 사방 천지가 정밀감에 싸이면 눈 덮인 초가집 구들방에선 더없이 푸근함을 느낀다. 어머니 품안이 이처럼 푸근했을까, 소꿉

놀이 하던 때 짚가리 속이 이렇게 아늑했던가. 맛도 분위기를 타는가 보다. 온돌방과 싱건지와 온기가 남아 있는 밥 한 술과 호롱불이 조화로 빚어낸 담백한 맛이라니…. 냉장고도 없던 시절, 부엌의 항아리에서 무청과 무와 싱건지 국물과 가난해서 더 좋은 아랫목과 이불 한 채를 서로 끌어당기던 형제들….

그때는 김장도 한철 농사였다. 그리도 춥던 날, 동네 우물터에서 널벅지*에 샘물을 퍼서 무를 씻었다. 물에선 모락모락 김이 났지만, 손은 곱아 참새 발처럼 발개졌다. 김장하던 우물터 모습은 풍속도 한 폭으로 남았을 뿐이다. 씻은 김장 무가 반석 위에 쌓이면 바지게에 정갈한 짚을 깔고 집으로 이내 옮겨졌다.

싱건지를 담그던 방법은 단순했다. 김칫독은 미리 정갈하게 씻어두었다가 독 안에 불을 지펴서 한 번 둘러냈다. 무를 정성스레 독에 안치며 해묵힌 소금으로 간을 하고, 샘의 가운데서 속물을 길러다 부었다. 여기에 마늘과 통고추가 양념으로 더해지면 그만이다. 김칫독에 그득그득 담아 부엌에서 숙성시켰던 것이다.

무의 그 담박淡泊한 맛을 나는 좋아한다. 지금은 그런 싱건지를 대하기가 쉽지 않다. 음식 맛을 돕는 양념이 무보다 앞장서기 때문이다. 그렇다 보니 무가 제 맛을 내지 못하고 주객이 전도된 세상이 되고 말았다. 무는 채근菜根이다. 싱건지 맛에서 엉뚱하게 『채근담』의 가르침이 떠오른다, '세속世俗 안에 있으면서 세속을 떠나는 것이 좋다'는. 어쩌랴. 짝퉁 고춧가루 범벅이 우리 혀를 마비시키고 있지만 그 속에서 순수한 제 맛을 찾아볼 수밖에는 딴 도리가 없지 않은가.

겨울 밤참으로 먹던 싱건지는 어머니의 손맛이다. 아니 내게는 손맛이 아니라, 아랫목에 묻어둔 따뜻한 밥 한술 같은 어머니의 자식 사랑이었다. '겨울 싱건지'는 어머니의 자식 사랑 맛이 아니었을까. 게미*가 있어 깊이를 알 수 없는 순수한 어머니의 사랑 맛!

---

* 정제 명 '부엌'의 방언(전라).
* 널벅지 명 '장독소래기'의 방언(전남).
* 게미 명 '깊고 은근한 음식 맛, 씹을수록 그 음식 속에 녹아 있는 독특한 맛'의 뜻으로 주로 '있다, 없다'와 함께 쓰이는 방언(전남). ㈜ 개미, 가미佳味/嘉味 ☞『우리말샘』의 방언으로는 미등재.

사랑방

마음이 안정을 잃을 때는 고향을 찾는다. 부모님을 뵙고, 고샅의 생울타리, 키 낮은 토담, 그리고 허술한 사립문을 마주하면 마음은 스스로 평정을 얻는다. 어디, 고향에서 푸근함을 느끼지 않는 사람이 있으랴만 나에게는 어릴 적 사랑방에 얽힌 추억 때문에 더하는지도 모르겠다.

요새는 명절 때나 사랑방에 불을 지핀다. 그러나 하냥 사랑방의 지창紙窓은 햇발을 담아 들여 따스한 호수를 이룬다. 지난가을날 햇발이 성근 오후였다. 뒤꼍으로 돌아가니 긴 그림자 자락이 사랑방 죽창竹窓 안을 엿보고 있지 않은가! 웬일인지 마음이 안쪽으로 끌려 방문을 열고 들어섰다. 맞아주는 것은 방을 지키는 목침, 나무재떨이, 호롱등잔, 그리고 벽에 걸린 천자문千字文들로 예나 다름없이 눈에 익었다. 목침은 사랑방 세간의 으뜸이라 할 만하다. 베개의 역할을 떠나서 목침돌림 목침단자, 목침찜에 이르기까지 화제를 풍성하게 뿌렸었다.

사랑방의 계절은 아무래도 겨울철이 제격이라 하겠다. 눈이 길을 넘게 며칠이고 내리는 날이면 사랑방은 한층 활기가 돋았다. 동네 일꾼들이 모여 앉아 손바닥에 퉤퉤 침을 뱉어 가며 새끼를 꼬고, 망태나 덕석을 엮거나 짚신을 삼으며 이야기판을 벌였다. 웃음꽃이 만발한 사랑방은 매서운 추위에도 쇠죽을 쑤어 잘잘 끓었다. 아버지께서 쇠죽을 끓일 때면 나는 곁에 있다가 장작을 아궁이가 터지도록 뫼기도 했었다.

윗목, 아랫목이 따로 없이 끓는 사랑방에는 일손을 잠시 놓은 동촌댁네 꼴머슴이 드르렁 코를 고는 것이었다. 서촌 우데미 머슴들은 전에 보았던 대로 불침을 놓으려고 숨을 죽이며 성냥을 태워 숯을 만들었다. 어디다 놓을 것인가? 두리번대다가 숯의 꽁무니에 침을 발라 발등에 세우고 불을 댕겼다. 성냥 숯은 꼭대기부터 발갛게 타들어 갔다. 사랑꾼들은 자다가 놀라는 꼴을 연상하는지 터져나는 웃음을 참느라 애를 먹는데 꼴머슴은 계속 코를 고는 것이었다. 이윽고, 코고는 리듬이 깨지고 미동이 시작되었다.

셋, 둘, 하나….

속으로 폭발의 순간을 쟀다.

"아아, 뜨거어!"

엉겁결에 벌떡 일어나 베고 자던 목침으로 누구를 내리칠 기세다. 구경하던 나는 겁을 먹고 가마니틀 뒤로 숨었고 다른 머슴들은 시치미를 떼었다. 서로 한동안 얼굴만 쳐다보다가 상머슴이 추렴 술을 먹자고 깨운 거라며 너스레를 떨었다. 단잠을 깬 것이 아깝지만 어쩔 수 없는 일이 아닌가! '에참, 에참' 입맛을 다시며 치미는 부아를 참는다. 금방 터질 것같이 팽팽하던 사랑방의 분위기가 한 고비를 넘기자 뽀시락장난*으로 이어진다. 서로를 건드리며 또 한바탕 킬킬거리고 나자 목이 마르고 뱃속도 출출해진 머슴들은 탁배기 한 잔이 간절하다.

아까 너스레로 말했던 추렴 술을 정말 가져오기로 한다. 두붓국을 끓이고 무청김치 한사발로 술상이 보아진다. 도래상*에 둘러앉아 꿀꺽꿀꺽 술잔을 비우니 씽씽 우는 문풍지 소리에도 마음은 훈훈하다. 이렇게 넉넉한 인정을 나눠 마시며 기쁨도 슬픔도 함께하던 사랑방이지만 항상 머슴들의 차지로만 있지는 않았다.

한때는 글방을 안쳐 서당 아이들이 모여들기도 하였다. 저녁 글소리가 끊기면 '에헴, 에헴' 헛기침을 하면서 동네 어르신들이 모이셨다. 좌상은 아랫목에서 담배통을 화로에 묻고는 옴질옴질 연기를 뿜으셨다. 피어나는 연기 속에 마을의 관혼상제가 오르내리고 농가월령가 아는 바 없어도 내년의 농사일은 화롯가에서 시작되었다. 재떨이 탕탕, 재를 털며 자근자근 아낀 이야기 끝은 걸러지고 보태져 한 생각으로 뭉뚱그려졌다. 이렇게 뜻이 모아지는 사랑방은 동네의 새소식이 나가는 통로다. 사랑방의 소식들은 곧장 샘터의 아낙네들이 이 소식을 전하느라 입이 더욱 바빠졌다.

사랑방에서 밤늦도록 이야기가 끝도 갓도 없이 이어지는데 밖에서는 함박눈이 펑펑 내렸다. 대나무도 솜옷을 입어 구부정 노인 같고 짚가리도 영락없는 신선으로 서 있었다. 하늘도 땅도 하나가 된 겨울밤은 지상천국 같았다. 늦은 밤, 흰옷의 어르신들은 집으로 돌아가려 문을 나섰다.

"오매, 눈이 호거게* 왔네!"

"풍년 들랑갑네. 어서 가 소매* 보소."

논밭의 거름이 귀하던 시절, 오줌도 제 집에 누어 보리를 가꾸던 때라서 건네는 말들이었다.

우리 집 사랑방은 큰할아버님 계시던 방보다야 묵은 책 그득한 벽장도 없고 대를 물려 손때로 윤이 나는 쾌상에서 묵향墨香이 퍼지는 일도 없었다. 그래서 때로 집 없는 이웃에게 따뜻한 살림방이 되기도 했고 길손도 묵어 갔다. 날이 저물어 찾아든 과객過客에겐 한동자가 마련되고 그날은 한 식구가 되는 것이다. 이렇게 사랑방은 지난날의 우리네 생활의 풍속도였다. 지금은 추억거리만 유품처럼 남았을 뿐이다.

세상은 하루가 다르게 변하고, 옛날의 사랑방의 분위기를 되찾을 길은 이제 없다. 사랑방에 넘치던 낭만과 인정, 어르신들의 당당하고 여유 있던 모습, 그리고 불침을 맞고도 다짜고짜로 화만 내지 않던 꼴머슴의 모습이 그립다.

불현듯 현대 생활 속에서 사랑방의 구수하고 인정이 넘치는 조화된 문화를 실천하는 한 사람으로 남고 싶다. 그래, 마음의 한 구석에라도 사랑방을 차려야겠다. 정이 넘치는 사랑방의 문화를 현대적 공간에서 이루어 볼 수는 없을까.

---

* 뽀기락장난 명 '보스락장난'의 방언(전라).
* 도래상 명 '둥근상'의 방언(전라).
* 흐거다 형 '하얗다'의 방언(전남).
* 소매 명 '오줌'의 방언(전라).

까배미

삼월이 오면 나도 모르게 긴장을 하게 된다. 새로운 분위기에서 학교생활이 시작되기 때문이다.

이십여 년 전, 교육대학을 갓 나와 초임 발령을 기다리며 고향에 있었다. 나는 그때 논에서 까배미하는 아버지를 도왔다. 작은 논배미의 논둑을 까내어 없애고 둘이나 세 다랑이를 하나로 합하는 이런 논일을 합배미라고도 말한다. 합배미는 대개 설을 쇠고 시작하기 마련이다. 아직은 논흙이 덜 풀려 삽날 끝에 얼음 조각이 부딪친다. 그렇다고 별다른 장비가 있는 것도 아니다. 삽과 괭이, 그리고 바지게가 까배미에 쓰이는 농구의 전부였다.

날마다 해동갑을 하며 다뿍다뿍 삽으로 파고 지게로 짊어내며 일을 굵렸다. 한 짐 그득 짊어졌을 때, 어깻죽지를 누르는 중량감은 다리를 후들후들 떨리게 했다. 지게질이 서툰 나는 아버지의 부축 없이는 제대로 일어서지도 못했다. 어떤 때는 몇 발짝 가다가 고꾸라지기도 하였다.

이렇게 서툰 흙 등짐을 하면서 발령 소식을 이제나저제나 하고 기다리다가 드디어 신규 교사 발령을 받게 되었다. 임지는 애초에 원했던 고향이 아니라 멀리 떨어진 남해안의 작은 초등학교였다. 첫 출발부터 나의 교직 생활은 몸에 배지 않은 지게질처럼 서투르고 힘겨운 출발이었다.

논머리에서 발령 소식을 접한 나는 교육자도 농사를 짓는 농부나 다름없지 않겠는가 하는 생각을 했다. 농사가 일년 지기라면 교육은 백년지기라 할 수 있지 않은가. 백년지기의 소임을 맡은 나로서는 그 그릇으로 부족함이 없어야겠다는 생각이 들었다. 교육을 잘 모르는 나였지만 논밭의 작물도 주인의 발걸음 소리를 듣고 자란다는 말을 떠올렸다. 내 반 아이들에게 한 알의 밀알로 썩어서 밑거름이 되고 샘물 같은 신선함으로 거목의 꿈을 키우도록 감동을 안겨줘야겠다는 다짐을 했었다.

솔바람과 함께 몰려와 썰물처럼 교실을 빠져나가는 남자반 개구쟁이들이 내 꿈의 조각들이었다. 일요일이면 개펄로 달려가 고둥도 줍고 게도 잡았다. 그러던 중, 그해 봄이 다 하기도 전에 입대하게 되었다. 그렇다 보니 휴직과 복직, 고시검정을 통해서 중등계로 옮기며 철새마냥 옮겨 다녔다.

그동안 내 마음에서는 여러 싹들이 조금씩 자라는 듯했다. 그렇지만 이것들이 모두 품평회의 출품작이 될 수는 없음을 알게 되었다. 그중에서 아무리 장원감을 찾아보려고 해도 잡히는 게 없었다. 굳이 있다고 한다면 불혹을 넘겨 대학 공부를 마친 일이라 하겠다. 이것은 마치 아버지께서 지으시던 논밭의 경작 면적을 넓히던 하나의 까배미와 같은 뜻을 가지리라. 까배미할 때 없애는 논밭의 흙은 객토客土의 역할도 톡톡히 한다. 그러니 까배미는 이중 효과가 있는 셈이다.

나의 늦공부는 까배미의 구실을 했다고 할 수 있겠다. 늦공부로 인연한 '방송대 문학상'은 나에게 문학의 눈을 조금 뜨게 한 계기가 아니던가.

그러나 생각해보면 아버지, 당신께서 하시던 까배미가 그때는 무척 뜻이 컸지만 지금에 와서는 상황이 달라지고 말았다. 아버지께서 까배미할 때 쓰던 농기구들은 이제는 그 기능을 잃었다. 또 젊음을 바치셨던 까배미는 현대 장비의 한나절 일감에 지나지 않는다. 하기야 어디 아버지의 경우만이 그러하랴.

퍼뜩 고향 마을 아저씨의 경우가 생각난다. 농사를 부칠 만한 땅은 없었지만 가진 야산은 넓었다. 여기서 닭도 쳐보고 소도 길러 보았다. 신통하지 않자 이번에는 뽕나무를 심기로 하였다. 눈이 오나 비가 오나 산에서 살았다. 모두들 그분의 의지에 감탄했다.

얼마 안 되어 뽕나무가 산을 덮었다. 토담집이 헐리고 덩실한 기와집이 들어섰다. 이를테면 까배미의 힘을 입어 성공한 예라 하겠다. 그러나 요새 나도는 투기바람, 청문회에서 거론되는 거액으론 따지지 말아야 이야기가 풀린다. 까배미의 의미는 그 해낸 일의 양이나 돈으로 따질 성질의 것이 아니다.

나는 지금 문학의 새 밭을 일구려고 꿈을 부풀리며 지평선 저쪽의 세계를 그려본다. 때로는 묵정밭도 삽질하고, 작은 다랑이를 합하며 새경도 없는 상머슴 노릇을 쉼 없이 해야 하지 않을까. 그래야 박토일망정 고래논보다 실한 소출을 낼 수 있을 것이 아니겠는가. 삶은 이상을 향한 까배미의 과정이 아닐까. 나는 마음밭[心田]을 일구는 까배미는 이어가야 하겠다는 다짐을 굳게 한다. 마음의 까배미의 의미를 빼고는 나의 삶은 빛을 잃어 희미해질 것만 같다.

자갈논 천둥지기일지라도 돌을 주워내고, 객토를 하고, 물대기를 맞춰하며 농사일에 힘을 기울이고 싶다. 그러면 나의 마음밭에도 어거리풍년이 들어 가을일이 흥겹고 수확이 풍성하리라.

해마다 어김없이 찾아오는 삼월이다. 나는 벌써부터 긴장하며 심전의 까배미에 쓸 연장을 챙기기 시작한다. 긴 겨울의 더께를 훌훌 털어버리고 일어서는 결의에 찬 내 모습을 스스로 본다.

---

* 까배미 명 '작은 논배미의 논둑을 까내어 없애고, 두 배미나 세 배미의 논을 한 배비로 합하여 없앤 논둑의 넓이만큼, 땅을 넓히는 일'을 일컫는 방언(전남). ㈜ 합배미 ☞『우리말샘』의 방언으로는 미등재.

순천아랫장

오늘은 순천아랫장으로 방언을 만나러 간다. 버스에 타자마자 마음은 벌써 장터거리에 가 있다. '남부시장'으로 불리던 곳으로 터미널 근처였다. 내 수신 사이클은 벌써 '방언'에 맞춰졌고, 안테나는 높이 뽑혀져 있는 참이었다.

"어이, 동상*, 어디 가?"

저쪽 골목에서 새어나는 말소리. 목소리의 주인공을 찾기 위해 두리번거린다. 저만치에서 허리 굽은 노파의 파인 주름이 골목길을 환히 밝히고 있지 않은가. 몇 사람을 사이에 둔 채, 한 손을 들어 휘저으며 다가서는 모습이 정겹다. 얼마 만에 만나는 걸까. 한동네서 왔을까. 알 수는 없으나 요새는 좀에* 볼 수 없는 인정미 넘치는 한 장면이다.

물건을 보면 필요를 느끼기 마련인가. 노출된 팔뚝의 햇볕을 가리는 토시를 사고, 챙이 넓은 밀짚모자도 구해 쓰고는 어물전 앞은 지난다.

"사세요, 갈치랑 조구*랑…."

좌판 할머니의 말이다. 한쪽 귀퉁이라 찾아오는 장꾼이 귀하다 보니, 그냥 한번 해보는 소리 같다. 그런데 이 말은 애절하게 가슴을 파고드는 게 아닌가. "조구라앙…." 하고 빼는 그 가락이 말이다. 겨울밤을 가르고 골목으로 사라지던 "찹싸알 떠억…." 하던 그 뒷맛이라니. 그렇다고 오후 일정을 생각하면 한 손 갈아줄 수도 없는 노릇이다.

나는 할머니와 눈을 맞추며.

"예…."

라고, 말 대접을 하고는, 목례를 보내며 앞을 지나고 말았다. 아직 마수걸이도 못했을까. 한여름 녹아드는 얼음 위에 놓인 팔리지 않는 조기가 어른거린다. 허공에 띄우는 할머니의 목소리에서 세파의 칼바람 한 점 만난 것이다.

'조구'는 조기의 전라방언. 웬 일로 모음 하나가 바뀌었을까. 모기가 '모구'로, 호미가 '호무'로 바뀌어 불리는 것도 매한가지가 아닌가. 이런 모음교체 현상은 혀를 덜 움직이고, 발음을 편하게 하기 위한 것이니, 일종의 언어 경제인 셈이다.

어물전은 장터 골목으로 이어졌다. 골목에는 함지박에 게들을 놓고 팔고 있었다. 촉각을 세우고 부지런히 옆으로 옆으로만 기어서 서로 밟고, 밟히며 좁은 공간에서 탈출을 시도하는 놈도 많다.

"옆으로 살살 가는 기*, 참 맛있는 거여…."

한복에 부채를 들고 지나던 늙은이가 한마디 거든다. 그렇다. 여름 이때쯤이면 집집마다 짭조롬하게 게 볶는 냄새가 고샅에 퍼지기도 했었다. 이제는 추억의 반찬이 되어 맛맛으로 먹어보는 별미가 되고 말았다. 초등학교 때, 처음 도시락을 싸서 학교에 갔던 설렘을 떠올렸다. 그때는 넘어야 할 고개가 많기도 했다. 장못재를 넘어 학교에 갔었지만, 보릿고개도 넘어야 했다. 여름엔 쌀 구경을 못하던 때라 도시락밥도 꽁보리밥이었다. 반찬인들 변변한 게 있었을까. '게 조림'은 여름 도시락 반찬으로는 으뜸이었다. 점심시간을 기다렸다가 그 도시락을 '게 눈 감추듯이' 먹어치웠던 것이다.

게가 '기'로 발음되는 것은 또 무엇 때문인가? 게와 기를 말할 때 입을 여는 각도로 생각해 보자. '이(닫음) 〈 에(반닫음) 〈 애(반엶)'의 순으로 입이 열린다. 그런데 전라방언에서는 '에'가 '이' 쪽으로 이동하여 발음되고 만다. 예를 더 들어 보면, 제비가 '지비'로, 셋이 '싯'으로 제사가 '지사'로 바뀐 것이 그것이다.

벌써 점심시간이다. '어디 기 조림 없을까?' 눈에 들어오는 것은 '미인매실비빔밥집'이다. '저거다.' 싶어 장터의 야외 식탁에 앉았다. 많은 손님이 북적이고, 점포 안도 따라서 분주하다. 주인댁 두 분의 때깔이 그냥 밥집이 아닌 성싶다. 부녀회에서 운영하는 동네가게 '한솥밥' 62호점이란다. 밥도 먹고 이것저것 궁금했던 걸 물었더니 친절하게 답을 주는 것이다. 4천 원짜리 밥을 먹고, 시장 정보는 4만 원어치는 얻은 셈이다.

공항 대합실 같은 지붕을 하고 있는 순천아랫장. 유개장옥有蓋場屋이라 했다. 덮개가 있는 시장 건물이란 뜻일 게다. 오일장의 현대화 시설로는 참 독특하기도 하다.

"사세요, 갈치랑 조구랑…."

장터를 떠나려 하는데 '갈치랑 조구랑….' 하는 소리가 귓가를 맴돌고 있지 않는가. 발걸음을 멈추고 소리 나는 쪽을 보라보았다. 아무도 없다. 눈을 지그시 감으며 고개를 돌리는 순간이었다. 아까 보았던 그 좌판 앞의 할머니가 손을 흔들며 어른거리고 있었다. 아마 언제까지나 장터를 지겠다는 뜻인가 싶었다. 유개장옥이 방언의 천적이 아니기를 바라며 순천만 갈대를 보러 떠났다.

* 동상 명 '동생'의 방언(강원, 경상, 전남, 충청, 함경).
* 좀에[좀:에] 부 '좀처럼, 좀체'의 방언(전남).
  ☞『우리말샘』의 방언 지역에는 미등재.
* 조구 명 '조기'의 방언(경남, 전라, 평안).
* 기 명 '게'의 방언(강원, 경상, 전라, 충북).

순천만, 어디로 갑니까

순천아랫장을 나서면서 생각이 달라졌다. 순천만까지 걸어서 가기로 한 것이다. 낯선 길을 걷는 동안 황홀한 상념들이 오고갈 것이기 때문이다.

"순천만, 어디로 갑니까?"

"동천東川 따라 '시오 리'만 가면 됩니다."

오이 장수 아줌마의 서글서글한 대답이다. 물 대신 오이가 준비되었으니 걸을 준비는 끝난 셈. 햇볕을 가릴 밀짚모자는 오전에 샀고, 운동화에 간편복이니 말이다.

풍덕교는 장터 옆에서 동천을 동서로 가로 지르고, 나는 다리가 시작되는 곳에서 물을 따라 방천길을 걷는다. 초입은 잘 가꾸어 놓은 꽃길이다. 터널의 꽃그늘을 빠져나자, 이내 도로로 이어진다. 도로가 되어버린 방천길엔 차들이 씽씽 질주하고, '순천만 6km'란 이정표만 덩그렇다. '이 길로는 걸어갈 수 없어….' 하는 것만 같다. 걸어보려던 방천길은 차들에게 내주고 둔치의 보행로를 따라 걷기로 한다. '응, 시오 리 길이네.' 「무진기행」에서 '하인숙이 걸었던 방죽길도 시오 리였는데….' 묘한 기대감이 인다.

동천과 함께 도란도란 흐르는 시간이다. '시간이란 마음의 삶'이라 했던가. 동천은 순천시 서면西面 청소리 송지봉에서 발원하여 순천만으로 흘러가는 칠십 리 물길. 물은 발원지에서 태어나는 것인가? 물에게 바다는 또 무엇일까? 방천길과는 무슨 관계이며, 길의 이쪽과 저쪽은 어떤 모습으로 나를 맞아 줄까? 그리고 저만치에서 발달한 습지는 무엇을 말하는 것일까?

어린아이처럼 묻고 또 물으며 한참을 걸으니 넓은 둔치엔 보리밭이다. 보릿가실이 한창으로 콤바인도 '털털털' 더위에 가쁜 숨을 몰아쉬며 알곡을 토해낸다. 보릿대는 곤포梱包가 되어 마소의 사료로 저장되고, 땅에 떨어진 낟알은 비둘기들이 쪼느라 바쁘다. 분주한 보리밭을 지나자 보행로는 홀로 풀숲으로 자취를 숨긴다. 걷는 사람은 없고, 기계 소리도 멀어진다. 나른한 오후, 후덥지근한 날씨다. 동천도 별말 없으니 휘휘하기까지 하다.

이때다. 날렵한 차림으로 자전거를 타고 지나는 한 쌍의 싱싱한 뒷모습을 보게 된다. 적막하기까지 하던 분위기가 확 바뀐다. 때맞추어 한 점 바람이 '휘익!' 스치는 것이 아닌가. 동천엔 물결이 살랑거린다. 햇살이 물결 속으로 투과하여 빤짝빤짝 빛난다. 별들이 금세 쏟아진 것일까. 물낯은 간지러운 모양이다. '천천히, 천천히!' 훼방꾼이 된 바람은 흐르는 물을 거슬러 불면서 속삭인다.

물은 바람을 만나면 바람과 놀고, 어쩌다 그늘을 만나면 그늘에서 쉬어가고, 햇볕이 내리쬐면 수온을 올리는 것이다. 그러면서 품안에 붕어도, 메기도 기르고, 수초도 기르며 흐른다. 말없이 만물에게 수분을 대어주고, 농사도 짓게 하고, 마실 물의 수원이 되기도 하고…. 한 자리에 머무는 일 없이 흐르면서 생명들을 키워내고 있다는 사실이 새삼 놀랍다. 물가에 피어 있는 노랑 달맞이꽃에 눈을 팔기도 하고, 심어 가꾼 관상용 붉은 꽃양귀비도 본다. 자연과 인공을 대신하는 꽃 같기도 하다. 동천은 생태 하천으로 가꿔졌지만 완전한 자연의 일부가 되기에는 세월의 지나야 하겠다.

조용히 아래로 아래로만 흐르는 물도 때로는 광란狂瀾으로 변하기도 했을 것이다. 범람하여 논밭과 집들을 삼키기도 했고, 방천길을 무너뜨려도 보았다. 사람들은 성난 붉덩물과는 말하지 않았다. 성난 물과 맞서면 다친다는 지혜를 가지고 있는 농부들은 물의 뜻을 읽었던 것이다. 얼마나 지났을까, 붉덩물은 자정自淨으로 맑은 물이 되었다. 그때에

‘이쯤 넓혀 쌓으면 되겠지.’ 짐작하며 다시 이었다.

그렇다면 방천길은 물과 사람이 만들어 가는 합승의 상징물인 셈이다. 서로 밀고 당기는 팽팽한 긴장감을 보게 된다. 만물은 무엇이나 그 하나만으로 그냥 존재하는 것은 없나 보다. 너와 내가 주고받는 보이지 않는 힘 때문에 현상은 늘 변하는 것 아닐까.

이제, 방천길도 한 구부렝이를 돌아서야 한다. 걸어가는 길에 ‘굽이’가 없다면 삶은 얼마나 싱거울까. 굽이굽이 돌아가는 삶에서도 무지개를 찾아가는 발걸음은 지칠 줄 모른다. 굽이돌아 맞이한 신천지에 동천은 갈대를 키우고 있다. 군데군데 보이던 갈대가 싱싱한 숲을 이루어 동천의 호흡은 길어지고, 폭은 넓어 졌다. 여기저기 모래섬도 드러나고, 숲이 형성되기도 했다. 백로 한 마리, 물속을 들여다보며 가느다란 다리로 긴 모가지를 힘겨워하며 먹이를 찾고 있다.

동천이 바닷물과 만나는 어름이다. 바닷물은 벌써 이무기처럼 고개를 흔들며 갈대숲 깊숙이 들어와 있다. ‘여기는 순천만 입구요.’ 말하며 만灣을 형성한 것이다. 시원하게 펼쳐진 갈대숲이 출렁인다. 키를 훨씬 넘는 갈대숲에 묻히면 누구도 함께 흔들려야 할 것만 같다. 어석어석 성숙한 여인의 몸짓이다.

“갈대는 저를 흔드는 것이 제 조용한 울음인 것을 까맣게 몰랐다.” 신경림 시인의 「갈대」도 떠올려 보았다.

세상에 울지 않는 것이 어디 있겠는가. 저쪽에서 이사천이 울면서 흘러든다. 순천을 대표하는 ‘이수二水’는 동천과 이사천이라던가. 두 물은 합수하여 순천만으로 흘러든다. 냇물은 바다에 이르면 생을 마감하는 것일까, 또 다른 한 생을 시작하는 것일까? 발원하여 흐르고, 무엇과 만나고, 바닷물이 되고, 다시 구름이 되고, 비가 되고….

나는 출발하자마자, 차들에게 내어준 방천길로 다시 올라설 수 있었다. 시야가 넓어진다. ‘산다는 것은 만남과 헤어짐의 연속일까? 아니, 느낌을 쌓아가는 과정인가?’ 생각해 본다. 어느새 얼굴에 닿은 바람의 감각이 다르다. ‘무진의 안개’를 연상시키던 만연체 문장 같은 물길이 이어진다. “하늘이 내린 정원, 순천만!” 걸음을 멈추고 눈을 멀리 던져 본다. 갈대숲이 햇살을 받아 황홀하다. 걷다 보니 이런 비경秘境도 만나는 것을….

---

* 보릿가실 명 ‘보릿가을’의 방언(강원, 경상, 제주, 전라, 충청).
* 구부뎅이 명 ‘굽이’의 방언(전라).

전화

"오냐, 나다."

귀에 익은 어머니 목소리…. 전화 속 그 목소리가 오늘따라 그립습니다. 조금은 떨리는 듯한, 조금은 안도하는 듯한, 어머니의 체취가 묻어오는 전화 음성이 사무치게 듣고 싶습니다. 그동안 밀린 얘기를 작가처럼 끝도 없이 풀어놓고 싶습니다.

어머니 가신 뒤에 아들은 혼란스러웠습니다. 아침저녁 드리던 전화를 어디에 드려야 할지 몰라서요. 선산 묘역에 계시는 어머니지만 어디에다 전화를 해야 할지 몰랐거든요. 받아주는 분이 안 계시니 어쩌겠습니까.

아침에 출근하여 아직 일과가 시작되기 전에 전화를 드렸지요. 받으시는 음성은 한결같이, "오냐, 나다…."였습니다. 짧은 그 한 마디, 긍정과 믿음을 전해오는 어머니 음성! 파도치는 날에도 구름 낀 날에도 마음의 평정을 찾곤 했습니다. 하루 일과를 마치고 드리던 전화에서는 어머니의 젊은 날 모습을 함께 들을 수도 있었습니다.

땅거미가 내리면 뒷동메 밭에서 얻은 것들을 머리에 무겁게 이고, 햇고구마 몇 알 치마폭에 담아들고 대밭목을 빠져났습니다. 늦은 저녁을 준비하실 때도 됫박에 담아온 식량에서 한 자밤 집어 좀두리* 받으시던 모습을 보았습니다. 몸에 밴 절약 습관이었습니다. 육이오 전쟁 뒤에는 밥 동냥 다니는 걸뱅이*가 왜 그리 많았지요. 아침 연기 굴뚝에 피어나면 사립문을 밀치고 "아침밥 시킵니다요." 애잔한 목소리가 몇 차례 들렸습니다. 어머니는 식구들 밥상과 같이 한 동자 외상을 받쳐, 먹고 가도록 하셨습니다. 어린 우리들은 겁먹은 눈으로 내다보았습니다.

벌써 어머니, 가신 지 10년도 넘습니다. 식구들과 저녁 같이 잡수시고 떡애기*인 증손자 준석이 곁으로 가서 누우셨지요. 큰방에서 주무시라는 말에 "여그 조금 있고 자파서* 그런다." 하셨습니다. 한참 후 9시 뉴스가 시작되기 전에 큰방으로 오셨지요. 아들도 어머니 곁에 눕자, "아가, 옷 벗고 자그라*." 하셨습니다. 아들은 곧 뉴스를 보러 나간다며, 그대로 어머니 곁에 누웠다가 그만 곤히 잠이 들고 말았습니다. 얼마나 잤을까, 꿈속 같았습니다. 잠결에 무슨 수상한 기척이 스쳤습니다. 깜짝 놀라 눈을 번쩍 떴습니다. 어머니는 변기를 붙들고 앉은 채 벌써 주체할 수 없는 코피를 쏟고 있었습니다. 아들은 어찌할 바를 모르고, 어머니의 두 겨드랑이를 붙들었습니다. 아, 그런데 아들의 손에 전해지는 처지는 느낌…. 큰일이 다가오고 있음을 직감했습니다. 아내를 부르는 다급한 소리에 놀란 식구들이 우르르 큰방에 몰렸습니다. 아, 그런데 순간 어머니는 몸을 부리고 말았지요. 가시던 순간에까지 평소 몸에 밴 정갈한 생활 습관 때문일까, 변기 시울에 묻은 핏자국을 손으로 훅여넣었습니다. "그건 놔두고 정신 차리셔요, 어머니!" 울부짖던 며늘아기에게도 그 누구에게도 한 말씀 못 하시고 그렇게 가셨습니다. 저승이 멀다 해도 문턱 밑이 저승이라는 말이 맞나 봅니다. 이승과 저승의 갈림길이 단 몇 초 사이였으니까요. 어머니는 먼 길을 그렇게 황망히 떠나셨습니다. 아버지처럼 입원도 하시고, 5남매 아들딸의 호강도 받으시고, 그렇게 한 석 달 계시다가 가시지 않고…. 그때 어머니 건강으로 보아 10년 남은 백수白壽를 넘기는 것은 의심도 안 했습니다. 마지막 저녁을 드실 때만 해도 소화를 위하여 소주 한 잔만 하시겠다며 달게 드셨지요. 저녁을 드신 지 너댓* 시간 후의 일이었다면 누가 곧이나 듣겠습니까? 어머니….

유택에서 만난 아버지께 무슨 말씀부터 하셨는가요. 사시장철 뜨거운 숭늉 찾으셨던 아버지께 숭늉 바치셨나요.

회혼례 날짜 받아놓고 입원하신 아버지를 만나, 그때 못 입은 옷 곱게 차려 입고 사진이라도 찍으셨나요. 아버지는 회갑 잔치를 마친 뒤로는 언제 그랬냐는 듯이 농사 일손을 그만 놓으시는 결단을 보여 주셨습니다. 그러나 천성이 부지런하신 어머니는 그리 못하셨습니다.

달봉산 자락의 뒷동메 어머니의 밭도 이제는 부쳐 먹을 수가 없게 되었습니다. '빛그린 국가 산업단지'가 조성되면서 모두 흔적도 없이 사라지고 말았으니까요. 그래도 다행인 것은 동촌 선산은 그대로 보존 된 것입니다. 선산에 계시는 부모님을 뵈올 수 있다는 것이 얼마나 기쁨인지 모릅니다. 만약 명당이 있다면 이게 명당이 아니고 뭐겠습니까.

어머니, 선산발치에 뙈기밭을 치렵니다. 뒷동뫼 밭에서 어머니가 가꾸시던 대로 여러 채소들을 철철이 때를 맞춰 가꿔보렵니다. 호박도 심고요. 어머니의 밭에서는 언제나 생명들이 싱싱했습니다. 채소뿐만 아니었지요. 메밀, 감자, 고구마, 보리, 호밀…. "땅은 거짓말 안 한다. 땅이 순해야." 어머니의 믿음은 모성의 생명력으로 무럭무럭 자랐습니다. 우리 5남매도 어머니의 밭에서 무럭무럭 자랐고요.

오늘 만든 뙈기밭은 '어머니의 밭'이라 이름 붙였습니다. 우선 무와 배추 씨를 넣고, 물을 골고루 뿌렸습니다. 새로 장만한 '어머니의 밭'에는 이틀이 멀다 하고 찾아오면서 그때마다 전화 드리겠습니다. 멀리 가시지 말고 아들 전화 잘 받아주셔요. 어머니! 한결 같던 음성으로 말입니다.

"오냐, 나다…."

---

*좀두리[좀:두리] 명 '밥 지을 때마다 한 자밤씩 덜어 모은 곡식. 또는 그렇게 하는 행위'의 방언(전라) ⊕ 좀도리, 좀드리

*걸뱅이 명 '거지'의 방언(전라).

*떡애기 명 '갓난아기'의 방언(전라).

*잪다 보형 '싶다'의 방언(전라).

*-그라 미 '-거라, -어라, -아라, -너라'의 방언(전라).

*너댓 수관 '네댓'의 방언(전라) ⊕ 너뎃

옥탑방 용龍

- 창작문예수필작가회 연말행사 참관기

식장에 도착하자마자 오늘 행사는 어떤 모양으로 진행될까 하는 느닷없는 생각이 스쳐갔다. 드디어 식은 시작되었다. 회장의 환영사에 이어 이관희 고문의 손님 소개 차례였다.

(경)창작문예수필 신인상 시상식 및 작품집2 출판기념회(축)
2015.12.8. 오후 5시 대구팔공산 관광호텔 주최: 창작문예수필작가회

"참석하신 30여 회원이 다 내빈이십니다."

뜸을 들이지도 않고, 대뜸 이러는 것이 아닌가. '저게 무슨 소리지….' 나는 순간 눈은 둥그렇게 뜨고, 얼굴을 뚫어지게 응시했다.

"옥탑방에서 문을 열 때…."

이렇게 이어지면서 말씀은 흐려지기 시작했다. '옥탑방'은 지난날 고난을 한꺼번에 떠올리게 하여 울먹임이 앞을 섰고, '문을 열 때….'에 와서는 북받치는 감정 속으로 말소리는 묻히고 말았다. 넓은 두 볼과 두툼한 입술이 떨리고 있었다. 채가 긴 눈썹과 안경 너머 둥그런 눈에서 마음속 눈물이 주르르 흘렀다. 잠깐이지만 흐느끼는 모습에서 인간의 진정성을 보였다. 옥탑방 얘기를 꺼내면서 벌써 마음은 5년 전으로 돌아간 것. 수필이 '신변잡기'라는 이유로 등단한 『現代文學』誌로부터 쫓겨난 후 『창작문예수필』을 건설할 당시의 굽이굽이 서린 감정이 한꺼번에 몰아쳤던 것이다.

허허벌판에 씨를 넣을 때, 성해숙, 전미란과 이렇게 달랑 세 사람뿐이었으니…. 오늘 여기 모인 한식구가 그 얼마인가! 앞으로 다시 5년이 가고, 또 10년이 지나면…. 그때는 '창작문예수필'의 앞에 붙은 향기로운 관冠 '창작문예'를 떼어내고, 그냥 수필이라 불러도 당연히 창작문예수필이 될 날까지가 찰나에 오고갔던 것이리라.

"여러분이 앞장서서 개척자가 되어주십시오. 희망은 반드시 이루어집니다. 바른 문학이기 때문입니다. 오늘로 이관희 '1인 시대'는 끝을 냅시다."

다시 북받치는 감정을 이기지 못하고 목이 멘다. 앞을 보지 못하고 고개를 돌리는 옆모습에서 센 머리털로 살짝 가린 넓은 귓바퀴가 보였다. 한 마리의 거대한 용이 물속에서 비구름을 만나 하늘에 오르려 꿈틀거리는 모습을 보는 듯했다. 따라서 '창작문예수필작가회' 회원들이 마음의 끈으로 묶이어 한 덩어리로 꿈틀거리고 있었다.

용은 미래를 알려 주기도 하고, 천기天氣를 다스리는 힘을 가진다. 상상의 상서로운 동물로서 여러 짐승들의 모습으로 되어 있다. 낙타 머리, 토끼 눈, 돼지 코, 사슴 뿔, 소의 귀, 뱀의 목, 잉어 비늘, 매의 발톱, 조개의 배, 호랑이 주먹, 물고기 꼬리로 몸을 이룬다. 그리고 턱밑에는 구슬이 있고, 긴 수염도 가지고 있다.

이어지는 신인 작품상 당선자 11분을 대표하는 인사말도 걸작이었다. 1월에 등단했으니 상(패)을 받는 데도 1년이 걸렸다. 등단만 하면 잘 풀릴 줄 알았는데 앞이 캄캄하고 막막하다. 공부를 하다가 팔공산 갓바위 아래 낭떠러지로 떨어져 좌절했다. 쪽팔리는 곳에 유배된 것이다. 연암과 정약용을 생각했다. '공부하자' '인간이 된 뒤에 글을 써라.'는 교훈임을 깨달았다. 모두 동감의 박수를 보냈다.

성경을 모르고 교회 가는 사람, 불경을 모르고 절에 다니는 사람, 이런 덮어놓고 다니는 신도를 맹신도라 한다. 그렇다면 문학이론을 모르고 쓴 작품은 맹작이 되겠다. 퇴고가 무기라고 했다. 뚝딱뚝딱 맹작을 많이 했다. 자족하지 못하고 허전했다.

평론상 당선자의 짤막한 이 당선 소감 속에는 문학의 기본인 비유가 들어 있고, 플롯론도 들어 있다. 맹신도와 맹작의 관계가 비유요, 퇴고가 Plot론의 일부라면 억설일까. 배열을 바꾸는 것이 구성이 아닌가. 그런데도 허전했다니 뭔가 부족하다는 얘기. 창작이 아니었던 것이다.

편집국장의 『무장한 도시』 발간의 경과보고가 이어졌다. 부천-회원님들-에서 수고하셨다. 표지화는 여러 작품을 김인석 화백께서 넘겨주셨다. 동인지 제목은 회원들의 작품 제목을 대상으로 투표로 결정했다. 24분의 작품과 이론 평론 5편이 실렸다. 작품집이 태어났으니 용으로 치면 용의 배－큰 조개[蜃]－ 쯤이 되겠다.

동인지 표제 『무장한 도시』 작가의 작품 낭송 순서로 이어졌다. 낭독용으로 짧게 개작하여 고운 목소리로 낭송했다. 한 편의 시였다. 용의 목소리를 들어본 사람 있을까. 용의 소리는 구리쟁반[銅盤]을 울리는 소리와 같다고 한다.

이제는 「창작문예수필」 발견 및 이론 창안자인 고문님의 특강. 주제는 복된 발견이었다. 불, 전기, 페니실린, 바퀴, 실과 옷감… 문학예술은 호메로스의 작품(서양), 공자의 시 삼백 편(동양), 아리스토텔레스의 『시학』(현대문학), 창작문예수필의 발견도 복된 발견이다. 몽테뉴의 에세이가 진화 · 발전(찰스 램)한 것을 발견한 것도, '이것'→'저것'과 〈이것 저것 놀이〉의 발견도 복된 발견이다.

친교의 시간. 막걸리 파티는 참 신통했다. 한두 잔에 모두들 무장을 해제하고, 서울, 부산, 대구, 광주, 부천, 전주, 여수의 방언이 뒤섞이고, 형 동생이 되고, 사소한 일도 허물없이 물어 보게 되었으니…. 용에게는 물을 만난 격이었다. 용의 목 아래에는 거꾸로 된 비늘[逆鱗]이 있다고 한다. 오신 손님의 축사는 새겨들어야 했다. 대부분 「창작문예수필」과 코드가 맞았다. 그러나 (창작문예수필을) "수필가가 어떻게 보느냐? 한 길만 옳은 것은 아니다."에 이르면 우리는 스스로를 엄하게 다스리며 바깥과 소통해야 한다는 대목이 아니겠는가?

명사회는 전체를 감지하여 마무리하는 힘이 있으니 용으로 말하면 용코[돼지 코]에 해당될까. 회원 각자는 개성을 살려서 용의 한 부분 부분을 이루어 갈 것이다. 머지않아 용이 숨을 타면 하늘을 비상할 것. 용은 비늘만 해도 81개나 된다고 한다. 많은 비늘들이 모여들게 하는 것은 우리 모두의 제 역할이 말할 것이다. 평론을 할 때는 용의 큰 눈, 긴 수염, 매의 발톱을 생각하면 좋겠다.

새해부터는 각 지역별 – 부천 · 광주 · 대구 – 로 '창작문예수필교실'이 행정 · 재정의 독립 체제 운영을 준비한다. 용이 여기저기에서 날아오를 준비를 하는 일이다.

다음 날 아침나절. 회원들은 팔공산 동화사에 갔다. 대웅전 소맷돌에 아로새겨진 용들이 꿈틀거리고 있었다.

수필 심포지엄

사회: 지금부터 『한국수필』에서 3월호 특집으로 기획한 '지상 심포지엄'을 시작하겠습니다. 이번 토론회는 한국 수필의 현주소를 확인하고, 앞으로의 나아갈 방향을 탐색하는 계기가 되겠습니다. 전문가 네 분을 모셨습니다. 의제議題에 대한 의견을 들은 뒤, 토론에 들어가겠습니다. 그럼 전문가, 창작創作님의 말씀부터 듣겠습니다.

창작: 여러분! 현대문학 최초의 창작에세이 작품을 아십니까? 육당의 「가을」(1917)입니다. 작년 말에 작품 발표 1백주년 기념식이 서울의 뉴국제호텔에서 있었습니다.(2017.11.24.) 식에 참석한 사람은 한국문협 회원 3천5백 명의 1%가 조금 넘었을 뿐이었습니다.

창작 에세이의 창작 개념은 '시적 발상의 산문적 형상화'입니다. 시적 발상이란 시 창작 발상, 즉 시적 영감을 의미합니다. 산문적 형상화란 시 창작 발상을 산문 형식으로 형상화하는 문학이라는 뜻입니다. 그래서 창작 에세이를 '산문의 시'라 말하며, 시하고는 친사촌 간쯤 됩니다. 창작에세이의 특질은 시와 산문은 물론 모든 장르와도 친화적 융합이 가능한 것입니다. 이런 특질은 수필의 변방문학 시대를 청산하고 머지않아 모든 예술 장르를 통섭하는 중심부 문학 시대가 열린다는 것을 예고하고 있습니다.

21세기의 비주얼(visual) · 퓨전(fusion)의 시대상을 담아낼 문학의 용기容器로 우뚝 설 것이 분명합니다.

사회: 창작 님 수고하셨습니다. 다음은 잡문(雜文) 님께서 말씀해 주셔요.

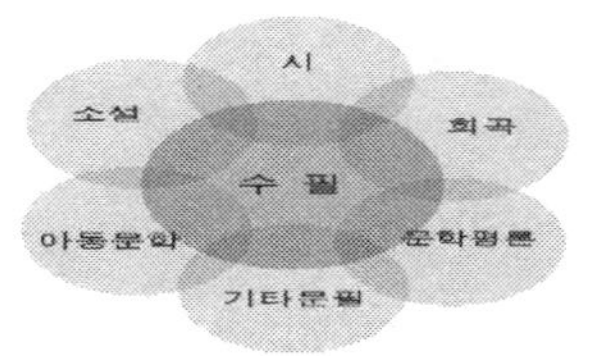

<창작 에세이 외연 확장도>(오덕렬)

잡문: 김광섭의 「수필문학 小考」(1933)의 첫 문장은 "수필이란 글자 그대로 '붓 가는 대로' 써지는 것이다."입

니다. 이 한 문장이 결과적으로 '붓 가는 대로'가 마치 수필의 심오한 이론인 양 믿고 따르게 만들고 말았습니다. 그리고 수필의 잡문론을 고착화시켜 버렸습니다. 수필하면 '신변잡기'로 통하고 말았으니까요. 여기에는 영국의 Miscellany, 즉 잡문파와 손을 잘못 잡은 탓도 크다고 하겠습니다.

이런 '붓 가는 대로'는 드디어 공개적으로 부정 · 폐기되기에 이르렀습니다. 2015년 1월 28일, 서울 뉴국제호텔에서 '창작에세이작가회'가 부정 · 폐기 선언식을 가졌던 것입니다. 그 후 정목일 선생의 폐기 선언이 뒤따랐습니다. "수필은 붓 가는 대로 쓰는 글이라는 말은 폐기되어야 하며, 이 말은 수필 발전에도 도움이 되지 않는다는 것이 제 생각입니다."라고 『창작에세이』에 2016년 10월 5일자로 한 말입니다. 이제 '수필의 날' 행사에서 범문단적으로 부정 · 폐기 선언이 따라야 할 차례입니다. 오는 수필의 날 행사에서 한국수필가협회 이사장과 한국문협 수필분과회장께서 큰 결단을 내려줄 것을 기대합니다.

사회: 잡문 씨의 말씀 잘 들었습니다. 이제 픽션 씨의 차례입니다.

픽션: 몽테뉴 에세이는 찰스 램에 이르러 창작 · 창작적인 에세이로 진화했습니다. 일인칭 '나' 화자이던 것이

「꿈속의 아이들」에 와서 '3인칭' 화자로 진화했던 것입니다. 즉 픽션화 되었다는 얘깁니다.

그런데 지금도 수필은 논픽션이라고 우기는 수필가가 있습니다. 참 답답합니다. 이런 답답한 문제들을 현대문학 이론으로 해결하기 위하여 차제에 상설 기구로 범문단적 '수필학연구회' 같은 것을 한국문협 산하에 둘 것을 제안합니다. 아직도 수필계에 '상상은 되고, 허구는 안 된다.'는 주장이 존재하고 있습니다. "상상은 표현되지 않은 허구요, 허구는 표현된 상상이다." 이관희 평론가가 말했듯이 이렇게 상상과 허구는 동전의 앞과 뒤의 관계인 것을 깨닫지 못하고 있으니 또 답답합니다.

> "**문학文學**: 사상이나 감정을 언어로 표현한 예술. 또는 그런 작품. 시, 소설, 희곡, 수필, 평론 따위가 있다." (『네이버국어사전』·『우리말샘』)

위의 인터넷 국어사전의 문학의 뜻풀이를 '기본형'이라고 가정해봅시다. 위의 설명에서 문학의 대상이 되는 "사상이나 감정을"의 자리에 다른 사전들의 표현은 어떻게 되었는지 살폈습니다. ① '정서와 사상을' ② '생각이나 감정을' ③ '생각이나 느낌을' ④ '사상 · 감정 · 상상 등'으로 나타났습니다.

이상을 종합 · 분석해 보면 '사상≒생각'이고, '감정≒정서≒느낌'이라는 어렴풋한 등식이 성립됩니다. '사상' 자리에 '생각'을, '감정' 자리에 '정서'나 '느낌'을 대입해서 말할 수 있습니다. 제일 쉽게 말하면 문학은 '생각'이나 '느낌'을 쓴다는 이야기입니다. 수필이 진정한 문학이고자 한다면 소재 · 제재에서 '느낀 생각'을 주로 써야 할 것이라고 추론할 수 있습니다. '있는 사실'을 쓰는 에세이는 비창작 일반 산문문학으로 '토의문학'이라 합니다. '상상의 힘을 빌려'서 '느낀 생각'을 주로 쓰면 창작 수필이 되겠습니다. 에세이는 논픽션에 가깝겠고, 창작수필은 픽션으로 이해해도 되겠습니다.

사회: 픽션 님 수고하셨습니다. 예정된 시간이 촉박합니다. 등단登壇님께서는 시간을 좀 배려하며 말씀해주시기 바랍니다.

등단: 저는 '수필의 날'에 대하여 말씀드리겠습니다. 지금 '수필의 날'은 2001년 윤재천 교수께서 만든 '수필의 날 헌장'에서 뿌리를 내렸습니다. 그땐 '12월 1일'에서, 한국문협으로 이관되면서 '7월 15일'로 바뀌었고, 2018년에는 '4월 28일'로 다시 옮겨졌습니다. 이렇게 생일이 바뀌는 것은 출생의 근본이 흔들린다는 뜻입니다. 현대문학 이론의 학문적 바탕이 없거나 약했다는 결론입

니다.

'시의 날'은 육당 최남선의 「해에게서 소년에게」가 1908년에 『소년』誌에 처음 발표된 날, 십일월 초하루로 1987년 11월 1일에 결정되었습니다. '수필의 날'도 '현대문학 최초의 창작수필인 육당 최남선의 「가을」이 발표된 것을 이론적 근거로 하여 정했으면 좋겠습니다. 그렇다면 1917년 『청춘』誌의 11월호에 발표되었으니까 11월의 11일을 '수필의 날'로 정할 것을 제안합니다.

사회: 시간을 아껴가며 잘 말씀해 주셨습니다. 이렇게 해서 네 분 전문가 — 창작 · 잡문 · 픽션 · 등단 님—의 의견을 다 들었습니다. 그러면 지금부터 질의응답으로 들어가겠습니다.

청중 1: 지금 전문가 분들의 말씀이 다 건설적인 의견이었고, 청중들의 의견과 일치하고 있습니다. 시간도 많이 지났으니 모든 제안은 그대로 받아들여 주실 것을 부탁드리며, 이 심포지엄을 마쳤으면 좋겠습니다.

청중 일동: 예, 좋습니다. (재청이요, 삼청이요 외치며, 기립 박수)

사회: 네, 뜻을 잘 알겠습니다. 그러면 오늘 논의된 사항은 학술 심포지엄 주최 측인 한국수필가협회에서 잘 추진해 주실 것을 믿으며 여기서 마치겠습니다. 감사합니다.

문창수文創隨 3제

①눈[雪]」 ②가야산 물소리 ③매지구름

시향時享

혼유석魂遊石

노송老松 한 그루

배꽃

정자나무

어항 앞에서

나의 꿈, 나의 비전

문창수文創隨, 무얼 말하고 있을까

문창수文創隨 3제

① 눈

대한 추위 뒤에 연이틀 눈이 축복처럼 내린다. 폴폴 날리는 눈이지만 발목을 덮는다.

아파트 차들이 솜이불 한 채씩을 이고 있다. 곧 잠을 깨면 천상으로 달릴 것 같다. 주위의 담장도 키가 두 뼘쯤 컸다. 귀목나무도 흰 두루마기를 걸쳐 입었고, 정원의 소나무도 신선이 되어 구부정한 모습에 허연 수염을 늘어뜨리고…. 관리실 뒤편 대나무도 터널을 만들었다. 도로 표지판들도 호빵 하나씩 선물로 받았다.

눈[雪]은 자연을 계절에 맞게 다른 형상으로 태어나게 하고 있다. 자연을 소재로 한바탕 종합예술품 전시를 천지에 하고 있다. 위대한 종합예술가 눈이여!

② 가야산 물소리

범종 소리가 겨울 길을 안내한다. 2015 창작문예수필 신인상 시상식 및 창작문예수필 작가회 작품 2집 출판기념 행사가 대구에서 있다. 광주교실 회원들은 큰 차를 이용하여 함께 가고 있다. 조금 일찍 출발하여 도중에 명소를 들려 보기로 한 곳이 가야산 해인사다. 가야산 굽잇길 '용문자연관찰로'에 차가 섰다.

골짝을 흐르는 물소리가 청랑淸朗하다. 스스로 물길 내어 즈믄 해를 흐르는 계곡물. 나무와 바위와 산새와 구름과…. 서로 산을 지키며 오누이처럼 다정하게 살아간다. 물소리를, 팔만대장경 같이 일깨우는 물소리를 놀란 표정을 하고 듣는다. '창작이란 형상을 만들어 내는 일이니라' 하는 것 같다. 소리도 모습도 문장만을 통해서 형상으로 그려내라며 흘러가고 있었다.

문득문득 가야산 물소리는 다른 형상形象으로 드러나곤 한다.

③ 매지구름

비라도 쏟아지려나, 몸이 찌뿌둥하다. 맨손체조라도 하려고 밖에 나갔다. 하늘이 금세 검정우산을 편 것 같이 거멓다. 비를 머금은 매지구름이 이쪽으로 귀신 형상으로 몰려온다. 저 구름 속에는 머리가 둘 달린 용도 살 것 같다. '구름 속의 용을 어떻게 만날까?'

옆에 있던 문창수가 거든다, 마음의 눈으로 보면 된다고. 슈퍼마켓 차양막이 파도치며 광풍이 일고, 소낙비가 앞을 못 보게 쏟아지면 승천하여 용을 타고 날아보리라. 하늘에서나 땅에서나 누구든 만나면 구름 한 점씩 나누며 마음을 통해 보리라. 창작문예수필은 사물의 마음의 이야기를 끌어내면 될 것 같다. 사물과의 교감의 상상력 세계를 창작하는 문학이라 했으니….

매지구름 한 점씩을 책상 앞에 놓고 상상의 날개를 펴면, 너와 나의 마음의 이야기는 시작되겠지.

시향時享

시향산時享山에 두릅나무 속잎이 올해도 싱그럽게 피어난다. 송순松筍도 끼릿끼릿헌* 총생들처럼 키를 재는 봄이다. 봄은 어머니의 계절. 우리 어머니의 어머니, 그 어머니의 어머니, 또… 어머니의 어머니들은 평림천을 흐르는 물이 아니던가. 햇귀 따라 가시버시 다정히 밭을 갈고, 달빛 받아 책 읽고 물레를 잣던 분들이다. 달빛으로 실을 뽑아 누대累代를 잇고 이어 지금은 시향산에 머무신가? 쫍빡메* 작은 산 너머 선산에 두 봉분씩 둥그렇게 둥그렇게 산소山所에 계시는 분들을 뵙는 날. 오늘도 잉! 잉! 잉!…, 물레는 돌아돌아 대를 잇는 실을 뽑는다.

시제 축을 쓰다가
등롱燈籠 든 아제를 만났다

아부지!
여그는 독*石이 백였어라우
쩌그는 깨랑*물 흐르고라우

저것?
'강신降神의 소리당가'
'도채비* 불이당가'

무장무장
가까워 오는
그 소리, 그 불빛

몸뗑이*는 세월의 보굿이
덮여 혼령 같은 당산나무

글안해도* 무서운
회당을 지날 때였다

소리와 불빛이
한 몸 되어
뽀짝 다가왔다

오-메! 오-메!
남산아제요, 누구다고, 나는

그나저나
어디서 오시오? 아제는

응, 하나부지 모시고 오는 길이제
오늘 저녁이 하나부지 제사 아니냐

아제 뒤를 따라가는데
등롱 밝혀든
아제만 보여 더 무서웠던 밤

아리데미* 사랑방에서
동네연극 마치고
우데미* 집에 가던
어린 날의 겨울밤이었다

오늘은 고향 덕림동 오문吳門을 여신 열조列祖님께 시향 모시는 날이다. 시향 축을 쓰다가, 나는 왜 효자로 이름난 남산아제를 꿈속에서 뵈었을까. 아제의 등롱 대신 축문祝文과 핸드폰 문자 메시지로 모시는 시향이다.

모쪼록 새순 같은 아그덜* 구경 좀 하는 시향이 되었으면…. 제비꽃은 총생으로 산소 위에 안겨 보랏빛 웃음 웃고, 진달래는 시향산 숲속에서 어서 오라 꽃길을 내어준다. 산소에 계시다 산이 되신 분들이 새순 내고, 꽃 피워, 총생들과 함께하시는 시향. 잉! 잉! 잉!…, 실 뽑는 물레 소리 들리는 시향 날이다.

---

* 끼릿끼릿허다 형 '장성한 아이들의 용모나 사는 모습이 훌륭하다'의 방언(전라).
* 쫍빡메 명 '쫍빡'은 쪽박의 방언(전라). '메'는 산의 옛말로 자그마한 산의 이름.
* 아부지 명 '아버지'의 방언(강원, 경기, 경상, 전라, 충청, 함경, 황해, 중국 길림성, 중국 흑룡강성).
* 독 명 '돌'의 방언(경남, 전라, 충남).
* 깨랑 명 '개울'의 방언(전라).
* 도채비 명 '도깨비'의 방언(강원, 경상, 전라, 함북).
* 몸뗑이 명 '몸뚱이'의 방언(강원, 경기, 전라, 제주, 충청).
* 글안해도 부 '그렇잖아도'의 방언(전라).

혼유석魂遊石

유월의 아침나절, 산속의 정적을 깬 것은 산신제 축문 소리입니다. 시간을 거스르는 듯한 느리고 낭랑한 음성과 생소한 단어들…. 축 읽는 소리에 도폿자락 휘날리며 걷는 나그네와 일행이 됩니다.

> 때는 바야흐로 갑오년 유월 초아흐렛날. 이십육 세손 아무개는 산신령께 삼가 엎드려 고하나이다. 오늘 입향조入鄕祖 할아버지 모시고 고향 선산으로 가려 하옵니다. 숭조상문하는 일이오나 인간의 하는 일이니 굽어 살피시어 아무런 화가 미치지 않도록 이장을 허락하시고 도와주시기 바라옵니다. 이에 간소한 제수와 맑은 술을 올리오니 흠향하옵소서!

축문 낭독이 끝나자, 축관 뒤에 빙 둘러선 이들이 "흠향하옵소서!"를 함께 읊조린 후 음복을 합니다. 술잔 속에는 삼백 년 세월이 굴절되고, 오늘 이렇게 이장을 하게 된 사연이 얼비치고 있습니다.

산소에 이르는 길도 수월찮습니다. 수로를 건너고, 산비탈을 허위허위 오릅니다. 수풀은 허리까지 감싸며 앞길을 가로막습니다. 듬성듬성 서 있는 적송들이 내려다보는 묘역에 묘표墓表도 없이 덩그마니 숨어 있는 묘. 축문 소리의 주인공은 벌안을 휘 둘러보더니 혼잣말로 중얼거립니다. '이곳을 누가 찾아와 성묘를 한단 말인가.' 입을 다문 채 결심이 선 듯 고개를 끄덕입니다. 이번 이장 결정은 잘한 일이라는 듯. 산신제를 모시고 할아버지께도 고했으니 다음 순서는 파묘. 거북바위가 주춤 앉자 쉬는 옆에서 파묘가 시작됩니다.

왜엥, 왜에엥…. 삽차의 기계음 소리가 산중의 정적靜寂을 삼켜버립니다. "이제 자네들 맘대로 해사 써…." 어른들이 먼저 마음을 열었습니다. 아무도 돌보지 않는 묘, 묵묘가 될 것을 우려한 것일까요. '세월 이기는 장사 없지….' 지혜로운 판단을 생각해 보는 사이, 몇 삽을 들어내니 덩실한 봉분도 간곳이 없습니다. 이제 봉분 밑 땅속에서 천광穿壙 구덩이를 찾아내야 합니다. 천천히 삽날이 바닥을 훑기를 몇 차례. 드디어 검은 구멍 하나 보입니다. '저 공간이 혼이

잠든 명부冥府인가.' 시공을 초월하는 혼의 세계를 보는 듯합니다.

유골이 없는갑다던 마음들이 바짝 긴장하여 눈이 둥그레집니다. 어떤 모습의 유골일까. 두개골이 한 길 땅위로 모셔지고…, 팔뼈, 갈비뼈, 골반뼈, 다리뼈가 차례로 수습됩니다. 파구분破舊墳을 빙 둘러선 후손들의 조바심은 멀리 사라지고 말았습니다.

선대에 한 번은 파묘를 하다가 그만 뒀답니다. 묘를 파헤치자마자, "짐 나가요오!" 들에서 일하던 농부가 외치더랍니다. 순간 흰 두루마기는 그 기운을 덮어서 다시 묘를 묻어버렸습니다. 그런 사연을 간직한 묘의 유골은 황골黃骨도 흑골黑骨도 아니니 무방한 일입니다. 명당이니 아니니, 왈가왈부 따질 건지가 없어졌기 때문입니다.

이제 모시고 고향 선산으로 가는 일만 남았습니다. 할아버지 가십시다. 두 아드님께서 각각 이웃 마을에 오문吳門을 연 고향으로 가십시다. 굴이 뚫리고 길도 좋아졌습니다. 이렇게 고하는 순간 유골 상자가 가벼워지는 느낌이었습니다. 산중턱에서 도폿자락 드리우고 훠얼훨 내려오시는 것입니다. 할아버지 모시고 가는 마음도 훠얼훨 가볍습니다. 고속도로가 휑 뚫려 휙휙 달립니다. 총생들의 성묫길이 끊긴 다면, 그 어디 명당이겠습니까? 오색 상여를 타고 왔을 때와는 성묘 풍속마저도 바뀌고 말았습니다.

저녁연기 땅거미로 내릴 즈음 재를 넘게 되었습니다. 어둠이 내리면 무섬증도 따라 내리나 봅니다. 재를 거의 넘을 무렵 뒤를 돌아다보는 것은 여간 겁이 나는 게 아닙니다. 무섬증은 발걸음을 땅바닥에 붙들어 맸으니까요. 이때였습니다. 눈에 들어온 것은 하늘을 나는 불덩어리. 서촌에서 떠올라 쒸잉쒱…! 들판을 지났습니다. 이글거리는 불빛 덩어리가 파르스름한 기운을 주위에 감았습니다. 대빗자루 댓 개쯤은 뭉쳐서 불이 타고 있었습니다. 인공위성처럼 꼬리를 길게 늘이고 마을에서 산으로 흘러가고 있었습니다. 혼불이었던 것입니다.

할아버지 혼불이 할머니 계신 선산 묘역에 오신 것일까요. 이장移葬은 저승의 이사. 할아버지 할머니 따로 계시다가 새집에 함께 드셨습니다. 합장이나 합조合兆라고 합니다. 오행 상생으로 보면 흙 속에서 금이 나온다는 토생금土生金의 기운인 셈입니다. 입향조 두 분 혼백도 편하실 것이고, 후손들 찾아와 성묘 인사도 편하게 드릴 수 있겠습니다. 순간 휙 스치는 한 말씀.

"요즘 세상에 명당이 어딨당가. 마음이 명당이제."

두 분의 데이트 장소는 혼유석魂遊石이 될 것이고…….

노송老松 한 그루

소나무 한 그루가 시원히 그늘을 치고 있다. 나무 아래는 너럭바위가 있어 오가는 사람들이 쉬어가기 마련이다. 이 독바우* 때문인지 사람들은 이곳을 '독배기'라 부른다. 신작로에서 여기까지 오면 벌써 저기가 고향집이다.

고향에서 대처로 나갈 때면 언제나 독배기를 지나게 된다. 군청 소재지를 갈 때도, 서울 나들이를 할 때도 거치는 곳이다. 남들은 오명가명* 지나는 자연 공간의 한 지점일지 모르나 아들에게는 인생의 길목으로 각인되어, 모정母情을 뜨겁게 느끼던 곳이다.

오래전 학창 시절의 일이었다. 지열地熱은 익어서 소나기를 장만하고 있던 오후였다. 울타리의 호박잎도 숨을 멈춘 듯 늘어지고, 닭들도 그늘에서 날개를 벌린 채 모가지를 빼고 헐떡였다. 타는 듯한 더위 속에 고향집 마당에서는 식구들끼리 보리타작이 한창이었다. 홀태 밑에는 보리 모개가 수북이 쌓이고 두어 닢 덕석에는 보리알이 모래톱처럼 쌓여 있었다. 잘 익은 보리 내음이 훅 코에 몰려 왔다. 유일한 생명선이던 그 보리알을 도리깨로 털어내는 일은 힘든 농사일 중의 농사일이 아니던가. 땀과 까끄라기와 먼지가 한꺼번에 숨을 턱턱 막았다.

아직도 해는 칠봉산 위에서 이글거리고 있었다. 우리네 생활은 항상 오늘보다는 내일을 바라보며 둘려 사는 것이지만, 그 여름의 현실은 너무 뜨거웠다. 보릿고개를 막 넘던 때라서 보리로 돈을 살 겨를도 없었다. 그때 사정은 자세히 생각나지 않으나, 어찌된 일인지 아들은 자취짐도 챙기지 않고 빈 몸으로 집을 나서고 말았다. 학교를 그만 두겠다는 성급한 결단이 섰던지 독배기에서 '배움과 인생'에 대해서 골똘히 생각했던 것 같다. 고개를 떨구고 고뇌의 찌꺼기인 눈물을 밥물처럼 뚝뚝 떨어뜨리고 있을 때였다. 사방은 괴괴한데 심골心骨을 파고드는 한 마디,

"아가, 서나서나* 맘먹어라."

어머니가 옆에 와 계셨던 것이다. 아련히 들려온 이 소리는 온몸에 퍼져 절절히 파고들었다. 아들은 요지부동 이렇다는 말이 없었다. 어머니도 한참을 말이 없이 그냥 서 계셨다. 소나무만 그 모습을 내려다보고 있었을 뿐이다. 얼마

나 지났을까?

"아나, 요것 가지고 가그라*.… 꿨다."

어머니의 뒷말은 겨우 이어졌다. 그 꺽꺽 막히던 음성은 밖으로 나오는 것이 아니라, 안으로 파고들며 떨렸다. 호밋자루에 닳아 지문도 찾을 길 없는 어머니의 손엔 똘똘 말린 몇 푼, 돈이 부르르 떨고 있었다. 순간 아들은 벌떡 일어나 걸음을 재촉하고 말았다. 그냥 그대로 어머니의 모습을 대할 수가 없었던 것이다. 멀어져 가는 아들을 향해 어머니는 안절부절못하며 분간하기도 어려운 목소리로 이름을 부르며 쓰러질 듯 몇 발짝 떼었다. '덕렬아! 덩 녀어 라아….' 울음이었다.

산비탈 밭엔 어둠이 내리고, 저녁놀은 서녘 하늘을 물들이고 있었다. 어머니는 이제 아들을 부르지 않고 연해 눈물만을 닦아내는 것이었다. 아들도 걸음을 멈추고 꼼짝 못하고 서 있었다. 저녁놀은 모자를 감싸 안았다. 얼마나 지났을까, 소가지 없는 자식은 한 마디 말도 없이 도둑괴*처럼 그 자리를 빠른 걸음으로 빠져나고 말았다.

월요일이었다. 그런데 이게 웬일인가? 매가리없이* 학교에서 돌아온 아들의 자취방에 어머니가 와 계신 것이 아닌가. 초행길을 어떻게 찾아오셨는지 도무지 모를 일이었다. 중학교 입학식에도 광주에 사는 아제네 집에 맡기다시피 아들의 유학생활은 시작되었던 것이다. 아제네 집 옆방에서 자취하던 학생들과 자연스럽게 어울려 곧 자취가 시작되었으니 4년째가 아닌가. 아버지는 아들에게 인내심을 길러주려는 것인지 한 달에 한 번만 집에 오도록 엄명을 내리셨다. 아들도 그리 알고 고분고분 순종했다. 그러니 짐은 한 달치 식량만도 말 두어 되에, 김치 오가리*가 따랐다. 이런 자취짐은 어머니가 이고 신작로까지 나오곤 했다. 그때는 신작로에서 서서 차를 한 시간쯤 기다리는 것은 약과였다. 뿌연 흙먼지를 태풍처럼 몰고 외칫재를 넘어오는 만원 버스가 서 주는 것만도 고마운 일이었다. 여기서 아들을 보내고는 돌아서곤 했던 어머니, 한 번도 함께 자취방에 온 일이 없었는데….

어른이 된 아들은 독배기에 앉아 지난 일을 떠올린다. 소나무는 달밤이면 솔솔 내리는 설화를 사려 왔을까. 몸통은 휑하게 구새가 먹었으니 말이다. 어떤 풍우에도 청아한 바람 소리를 내다가, 바람 그치면 이렇다는 말이 없다. 묵묵히 하늘 향한 마음은 변함이 없는 것이다. 젊은 날에는 검푸른 솔잎으로 그늘을 드리웠으나, 이제는 성긴 솔잎 새로 반짝 미소 같은 햇살을 흘려보내는 달관을 본다. 그 여름의 곱삶이 — 어머니가 받쳐주시던 식은밥 한 덩이, 그 까만 꽁보리밥 —도 푸른 꿈이 되곤 했던 소나무의 감화력….

어머니는 천수를 다하고 떠나신 지 10년이 가까워 온다.

나는 지금도 어머니가 지키던 고향집을 사흘이 멀다하고 들른다. 그때마다 독배기를 지날 때면 어머니는 거기 노송으로 서 계셨다. 노상 푸른 솔잎을 받쳐 푸른 하늘을 이고 있는 한 그루 노송으로.

---

* 독바우 명 '바위'의 방언(전남).
* 오명가명 부 '오면서 가면서' ⇒규범 표기는 '오면가면'이다.
* 서나서나 부 '천천히, 시나브로'의 방언(전남).
* -그라 [종결어미] '-거라'의 방언(전남).
* 도둑괴 명 '도둑고양이'의 방언(전남).
* 매가리없이 부 '맥없이'의 방언(전남).
* 오가리 명 '항아리'의 방언(전남, 제주).

배꽃

'저거다!' 그의 얼굴은 아침 햇살처럼 환해진다. 배밭 울타리에서 대롱거리는 우듬지를 발견한 것이다. 수경 재배를 해 보겠다는 것이지만 주인은 벌써 두어 달 전에 전정剪定이 끝났기 때문에 이미 늦었다며 신청을 않는다. '그래도 모르지, 꽃이 필지….' 요리조리 되작거리자 꿈속인 양 미간을 씰룩거리는 배나무 한 가지. 잎눈 하나 틔울 힘도 부친 듯, 눈을 꼭 감아버린 가지지만 그는 자식을 보듬은 듯 그러안는다.

집에 온 가지는 도가지에 꽂혀 물을 만난다. 물은 생명의 근원. '니 꽃눈에 화기가 돈다야. 음마*! 사춘기 소녀처럼 꽃눈이 부풀고 있구나!' 꽃눈을 싸고 있던 껍질이 트면서 방이 조붓해지는 느낌이다. 그는 수경재배로 온통 배꽃 천지였던 대전의 '쉘부르' 카페를 생각하고 있다. 회상에 잠긴 그에게 전화가 걸려왔다.

"아버님, 애기 아빠가 쓰러졌어요."

"아이고매*…! 먼* 일이다냐."

쓰러졌다는 말에 쓰나미처럼 덮쳐오는 상념의 무리들을 제끼며 옷을 주서* 입는다. 여기서 병원까지는 세 시간이 넘어 걸리는 거리. 허둥지둥 달리는 차 안에서도 핸드폰이 연신 울어댄다.

"숨을 안 쉰다고 그래요."

"설마 무슨 일이 있을라디야…."

"다시 숨이 돌아왔다고 해요."

"………"

그는 전화를 받으면서도 '무슨 일이, 설마, 무슨 일이….' 하며 마음은 주문을 외고 있다. 말은 씨가 된다지. 말방정을 떨지 않도록 입단속도 한다. '미끈하게 잘 자란 가지였던 녀석이 어쩌다가….'

자정 무렵, 병원에 도착했다. 응급실은 태풍 전야같이 무거운 침묵만이 가득 차 있었다. 환자는 침대 위에서 흰 천을 목까지 올려 쓰고 와불처럼 꼼짝하지 않고 있었다. "최선을 다했습니다만…." 담당의사가 애비를 옆으로 따다가 건넨 말이었다. 이제 부모가 보았으니 천을 한 뼘만 올려 얼굴을 덮어버리면 모든 일은 끝장인 듯했다.

그때다. 이럴 수는 없다. 아침 햇살이 안개 걷어가듯 흰 천을 걷어내는 사람이 있었다. 환자의 에미다. 손가방을 두지더니* 사혈침 하나를 찾아내어 환자의 온몸에 사혈을 시작하는 것이다. 열 손가락 열 발가락, 손바닥, 발바닥, 인중, 이마, 머리…. 혈이란 혈은 모두 찾아 쪼고 또 쫀다. 뒤따르는 며늘아기와 둘째는 사혈한 곳에서 피를 짜내고 있다. 쪼고 또 쪼고 짜고 또 짜내도 아무런 반응이 없다. 오른쪽 손가락부터 다시 쪼기를 시작한다. 왼손 약지를 쫄 때다. 아무도 모르지만 미세한 느낌, 손을 잡아당기는 기미를 애미는 느꼈다. '아, 살았구나! 내 아들….' 에미의 예감. 거미줄 한 올에 허우대 큰 자식이 매달려 있음을 감지한 것이다. '살아나서 숨을 쉴 것인가….' 사혈을 마친 에미는 모든 기氣를 아들에게 불어넣었는지 체력은 소진되어 앉지도 서지도 못한다. 말도 멎어버린 에미의 손짓은 입원실을 가리키고 있었다. 환자는 서둘러 중환자실로 이동이다. 우주비행사처럼 인공호흡기를 썼지만 모니터의 그래프는 오르고 내리고가 없다. 그냥 평행선을 긋고 있다. 밤이 깊어지자 이런 환자를 간호사에 맡기고 쫓겨나듯 가족 대기실로 옮겼다.

희뿌연 새벽이다. 병실의 복도는 불빛도 희미하다. 문은 굳게 잠겨 있다. 중환자실 유리창에 귀를 대보는 애비는 뛰지 않는 심장의 고동 소리를 이명으로 들었을까. '암 그러고 말고….' 혼잣말을 하며 그림자도 없는 복도를 …왔…다…

갔…다… 하면서, 환자는 농부가 잘라버린 배나무 한 가지라는 생각을 하고 있다.

배꽃같이 환한 아침이 찾아왔다. 따르릉 따르릉 따르릉, 대기실의 전화벨이 침묵을 흔들어 깨운다. 무슨 소식일까, 에미가 전화기를 들자,

"여기 중환자실인데요."

간호사의 음성은 약간 상기되어 보호자를 찾는다. '무슨 말이 튀어나올까? 혹 밤새 잘못되었다는 말일까? 아니면…. 피가 보뜨라지*는 순간이다. 중죄를 짓고 판관 앞에 선 것처럼 겨우 입을 연다.

"예, 제가 에민데요."

"아, 그러세요. 맥이, 환자의 맥이 돌아왔습니다!"

"예에…! 그래요. 감사합니다, 감사합니다."

'멀겋게 말라버린 눈동자가 움직인다니….' 사흘만이다.

"내가 누구냐?"

말은 못해도 에미를 안다는 표정을 짓는 환자다. 한 번도 '잘못된다'는 생각을 한 적이 없는 부모는 곧 훌훌 털고 일어나 생활에 복귀할 것으로 믿었다. 영화에서처럼. 그러나 깨어난 환자는 휠체어에 실려 이 방 저 방으로 재활 프로그램을 따라 다녀야 했다. 몸의 세포 하나하나가 저 나락으로 떨어졌다가 이제 잠을 깨어나고 있는 모양이다. 살을 만지

기만 하여도 아가들 경기하듯 깜짝깜짝 놀란다. 두어 달이 지나자 병원에서는 모든 재활 치료가 끝났다며 더 이상 할 일이 없다는 것이다.

제 발로 걸어서 병원을 나서는 환자에게는 생각해 보면 그래도 기적이 옆에 있었다. 심폐소생술의 마지막 충격에도 어디 하나 상한 데가 없는 것이며, 조카들의 이름을 하나하나 대고 있는 두뇌 작용이 말이다. 지난 일을 바둑 복기復碁하듯 그렇게만 된다면….

환자 부부는 인사차 담당 의사를 찾았다. '부르가다증후군'을 앓았던 환자 같지가 않았다. 의사와 환자가 얼싸안았다. 누가 먼저랄 것도 없이 모두 함께 만세를 불렀다. 그리고 환자는 '럭키 맨!'의 칭호를 부여받았다. 이렇게 샘형의 장남은 럭키맨이 되었던 것이다.

나는 춘곤증에 책상 앞에서 얼풋 잠이 들었나 보다. 비몽사몽간에 장성 배밭을 거닐다가 만세 소리에 그만 봄꿈을 깨고 말았다. 새포름한 하얀 배꽃이 한창 흐드러진 배밭에서 큰애의 얼굴도 환하게 웃고 있는 봄날이었다.

---

* 음마 [감] '어머'의 방언(전남).
* 아이고메 [감] '아이고머니'의 방언(전남).
* 먼 [관] '무슨'의 방언(강원, 경상, 전라).

* 줏다동 '줍다'의 방언(강원, 경기, 경상, 전라, 제주, 충청).
* 두지다 동 '뒤지다'의 방언(경기, 전남, 충남). ☞ 『우리말샘』의 방언 지역에 '전남'은 미등재.
* 보뜨라지다 동 옛말 '봇달히이다(볶이고 달이어지다)' 방언(전남). ☞ 『우리말샘』의 방언으로는 미등재.

정자나무

“만약 니가 나무라면 무슨 나무가 되고 싶냐?” 수필에게 물었다. 얼른 입을 열지 못하고 머리를 긁적거리며 머뭇거린다. ‘나무가 된다.’ 무슨 나무가 될까. 목련, 낙락장송, 오리나무…. 목련은 시와 가까울 것 같고, 낙락장송은 소설이, 오리나무는 동화가 먼저 차지했겠지. 수필은 눈을 지그시 감고 고개를 쳐들었다.

그때였다. 수필의 눈이 갑자기 빛났다. 주어진 과제, 스스로 풀어야 하는 과제, ‘이것만은 알고 쓰자’는 이야기의 실마리가 퍼뜩 풀리는 것 같았다. 나무의 형상에서 과제의 답을 알아낸 것일까.

독자는 여기 성실의 서書에 접할 것이다. 독자여 이

글의 주제는 내 자신이다. 사람들은 자기의 앞은 보지만 나는 나의 내부를 본다.

엣세가 울린 고고성呱呱聲이었다. 엣세는 프랑스에서 영국으로 건너가 에세이로 불리고 '창작에세이'를 탄생시키는 모태가 되었다. 창작에세이의 시조는 찰스 램이다. 몽테뉴 이후 240여 년 가까이 흘렀다. 문학의 진화 현상을 말해주고 있는 것이다.

'에세이'와 '창작에세이'는 무엇이 어떻게 다른가. 그것은 문학의 질의 문제가 아닌 직능이 다른 것이다. 에세이는 '토의의 직능'을, 창작에세이는 '창조의 직능'을 행하는 문학이다. 토의의 직능을 행한다는 뜻은 '이미 있는 것에 관한 새로운 해석'이나 새로운 의미를 창출하는 사실에 대한 사실적 토의를 하는 형식의 일반 산문문학이다. 창조의 직능을 행한다는 뜻은 마치 조화옹이 삼라만상을 각기 다른 존재론적 대상으로 창조하듯 문학 작품도 하나의 존재론적 창조여야 된다는 말이다.

에세이는 소재를 '개념槪念'으로 인식한 결과요, 창작에세이는 '형상形象'으로 인식한 결과라 할 수 있다. 창작에세이에서는 '이것'을 가지고, '저것'을 만들어야 한다. 그 작법의 한 예를 들어 말하면, 〈이것 저것 놀이〉와 〈5줄 형상화 연습〉이 되겠다.

눈 속에서 핀 얼음지기를 발견한 순간 '아, 봄이구나!' 하고 놀란다. 소재의 발견이다. 비유를 찾아 '봄은 얼음지기다.'라 했다면 원관념 '이것'은 '봄'이고, 보조관념 '저것'은 '얼음지기'가 될 것이다. 보조관념인 얼음지기로 원관념인 봄을 형상화 할 수 있겠다. 이것을 가지고 형상화 연습을 한번 해보자.

얼음지기

아무도 없는 빈 집터. 감나무 밑에서 눈 속에 엄음지기가 노란 웃음을 배시시 흘린다. '응 너는 눈 속에서도 봄기운을 느꼈구나!' 반갑다. 모두들 눈 감고 덜덜 떨고 있을 때, 아무도 모르는 봄을 맞이하였구나. 봄은 오다가 여인을 만나면 스카프를 바꿔주고, 언덕을 만나면 아롱아롱 아롱거리고, 종달새를 만나면 비비비비비…. 봄비 오라고 노래 부른다. 봄은 얼음지기 앞세우고 안산案山 모퉁이를 느릿느릿 걸어오고 있다.

봄은 만져볼 수도, 냄새 맡을 수도 모양도 없다. 봄의 상은 마음속의 심상心象인 것이다. 심상을 구체적인 상으로 드러나게 하는 작업이 형상화 작업이다. 홍문표 시인은 '문학이란 추상적인 세계를 언어를 통하여 구체적으로 드러나게 하는 형상화의 작업'이라고 했다.

수필에 허구 도입이 '된다' '안 된다'의 논쟁이 있었다. 결과는 '안 된다'는 쪽으로 기울며 끝이 났다. 수필은 '작가가 경험한 이야기를 진솔하게 고백하는 문학'이라는 쪽이 우세했던 탓이다. 그러나 지금 다시 생각해 보면 설득력이 떨어진다. 왜냐하면 인간의 기억은 부정확하기 때문이다. 그리고 그때 '상상은 되고 허구는 안 된다.'고 했는데 그건 현대문학 이론 연구가 부족한 탓이다. 상상과 허구의 관계를 잘 드러낸 이 한 구절에 '허구 도입 논쟁'의 답이 있다. 한번 이관희 평론가의 명쾌한 정의를 보자. "상상은 표현되지 않은 허구이고, 허구는 표현된 상상이다."

모든 예술이 갑오경장을 기점으로 서구 문예사조에 근거한 창조적 예술 활동을 하게 되었다. 그러나 오직 수필만은 현대문예 사조와 관계가 없는 홍매洪邁의 '붓 가는 대로'를 신봉하였다. 그 결과 '여기의 문학' '서자문학' '신변잡기' '수필도 문학이냐'는 수모를 당하고 있다. 이 지경에 이른 것은 무엇 때문일까? '수필은 글자 그대로 붓 가는 대로 써지는 글이다'라고 하는 선배 작가들의 방향 제시가 잘못된 것도 한몫 했다. 그리고 '수필은 플롯이나 클라이맥스를 필요로 하지 않는다.'는 플롯론을 부정하는 발언들이 뒤를 잇기도 했다. 창작 문학에서 '사실의 소재'를 창작물로 만들 수 있는 길은 오직 하나 플롯론이란 걸 망각했던 것이다. 또 하나는 여러 수필교실에서 수필의 현대문학 이론 공부를 시키지 않은 탓도 있을 것이다.

수필은 이제 '되고 싶은 나무'를 말 하려고 생각들을 정리하는 것 같았다. 연둣빛 새잎이 아가의 손처럼 꼭 쥐고 봄을 맞는 나무, 처녀애들 웃음 같은 신록을 피워내는 나무, 녹음 아래 찾아온 삶에 지친 사람들에게 위로와 감동을 주는 나무, 그늘 아래 오신 분들께 예술적 쾌락을 안겨 줄 수 있는 그런 나무였으면 좋겠다. 그늘에서 편히 쉴 수 있게 하자면 정자 한 채쯤 있으면 좋겠지. '아, 그렇구나!' 정자나무가 되고 싶다고 하자. 유백의 목련꽃이나 낙락장송의 푸르름을 부러워 말고 정자나무가 되자. 갓털[冠毛]을 쓴 민들레꽃씨처럼 그렇게 둥그런 모습을 생각하니 마음은 벌써 하늘을 날고 있다.

수필이 풀어야 하는 과제, '이것만은 알고 쓰자'는 화두는 그늘 아래 오신 분들의 이야기 속에 다 녹아 있었다. 한 세기 이상 써온 화자 '나'의 입에서는 입내가 진동하다는 것이다. 입내를 피하려면 관찰자 시점이나 3인칭 시점, 내재적 시점을 시도하는 것도 하나의 방법이라 일러준다.

> "평생 밥을 지었어도 죽도 밥도 아니게 한 적은 아직 없어, 쯧쯧…."

할머니의 말씀이 아프다. 작가라면 자기가 쓰는 글이 에세이인가 창작에세이인가를 알고 써야 하겠다. '붓 가는 대로'는 폐기 처분해야 하는 것 아니어! 말씀마다 딱 맞는 말씀들이다. 정자나무 밑에 모인 분들이 안도하며 자리를 뜨고 있었다.

'아따, 인자 쓰것네 야!'

어항 앞에서

"야! 우렁이 새끼다." 밖에서 들어온 큰애가 어항 속을 들여다보며 쩌렁 소리를 질렀다. 어둠이 깔리고 있었다. 앞쪽 아파트 현관에도 불이 켜졌다. 텔레비전 앞에 있던 두 놈이 우르르 어항 앞에 몰렸다. 신문을 보던 나도 어느새 어항 속을 들여다보기 시작했다. 신비의 물체 다섯 점點이 어항 벽에 붙어 있었다. 그것은 껍질까지도 섶에 오르는 누에처럼 투명한 우렁이 새끼였다. 생명의 탄생은 생각해 보면 볼수록 신비의 베일에 싸인 저쪽의 세계였다. 자연의 순리가, 우주의 이법이 어항 속에 있었다. 우리 식구들은 머리를 부딪쳐 가며 신비의 점을 더 가까이서 보려고 서로 비비대며 밀고 밀렸다. 어린것들이 더 신기한지 야단이었다. 나도 갓 태어난 우렁이 새끼를 눈앞에 대하기는 처음이었다. 감동의 한식경이 지나서야 나는 지난 일들을 돌이켜 볼 마음의 여유를 가졌다.

우리 집 어항은 플라스틱 그릇, 정확히 말하면 냉장고의 야채상자이다. 여기서는 값비싼 열대어나 금붕어는 살아본 적이 없다. 하지만 시골 논배미의 물꼬 밑에서 잡아 온 미꾸라지, 피라미, 송사리와 둠벙에서 잡은 물방개, 물매암이, 게아제비도 함께 살았다. 그리고 무등산 계곡의 다슬기도 마다 않은 작은 수족관이었다. 그러니까, 어린것들이 물에서 얻은 것은 모두 한식구가 되었다.

불볕더위가 기승을 부리던 날, 경이를 탄생시킨 우렁이는 지난 봄 날 광주 중외공원 낚시터에서 시집왔다. 그때만 해도 바람 끝이 찼다. 봄나들이를 나간 우리는 낚시질할 때 쓰는 뜰망을 가지고 호숫가를 더듬었다. 뜰망 속에 갇혀 나온 각시붕어 몇 마리와 우렁이 두 마리가 비닐봉지에 넣어져 집에 왔다. 어린것들은 호기심과 함께 그것들을 어항에 넣었다. 그리고는 어항을 뚫어지게 보고 또 보았다.

"느그덜*도 잘못 앵켰다*."

어린것들의 손때에 얼마나 성가심을 당하랴 싶어서 절로 나온 말이었다. 어린것들은 처음에는 혹했다가도 날짜가 지나니 시들해졌다. 별수 없이 어른들이 건사해야 했다. 앙증스런 송사리 떼가 수면에서 그 작은 입을 빠끔대고 있었다.

어항의 물을 갈아 줄 때가 되었다. 아내가 낚시터의 호수 물 대신에 가까운 논물을 떠왔다. 그런데 그것이 화근이 될 줄이야! 이곳 아파트 단지 앞의 논에서 가져온 물을 갈아주자 하룻저녁 사이에 어항 속은 이변이 생기기 시작했다. 주인을 원망하며 배를 하늘로 쳐들고 죽어간 놈, 물 위에 뜬 놈, 가라앉은 놈…. 다슬기와 우렁이만은 생사를 알아낼 수가 없었다. 그런데 웬일인가. 우렁이는 물을 갈아준 뒤, 한나절이 지나자 더듬이를 내밀고 주위를 살피기 시작했다. 지혜롭게 입을 꼭 다물고 물 한 모금 머금지 않았던 것일까? 그러나 다슬기는 끝내 입 다문 채 아무런 기색이 보이질 않았다. 우렁이는 한꺼번에 어항 속 식구들을 다 잃고도 슬픔을 안으로 삭였는지 아무 일 없었다는 듯 집을 지키고 있었다.

요즘은 우렁이 새끼의 성장 과정과 생태를 지켜보는 것이 낙이 되었다. 처음 녹두알만 하던 것이 달포 지나니 제법 애티를 띠었다. 어미 우렁이는 몸뚱이에 청태까지 끼어 거무튀튀한 게 말밤만 하여 바위처럼 의젓해 보이기도 했다.

우렁이는 싫으면 입을 다물고 무표정했다. 무언으로 우리 인간에게 항변하는 것일까? 물이 맑아야 우렁이가 살고 우렁이가 살아야 우리가 건강하게 살 수 있다고 가르쳐 주는 것 같다. 무등산 계곡에서 다슬기를 줍던 때였다. 바위

서리에서 한 마리 한 마리 찾을 때면 어린것들은 이산가족의 재회처럼 기뻐했다. 그런데 그 다슬기가 어항에서 입 다물고 죽어갔다.

"왜, 이렇게 죽었데?"

나는 심각한 표정을 지으며 입을 떼었다. 어린것들은 약간 겁먹은 눈들을 하고 고개만 살래살래 저을 뿐 말이 없었다. 다슬기의 주검을 손바닥에 놓고 광주천의 흐르는 물에 대하여 생각해 보았다. 광주천의 물은 무등산 계곡의 맑은 물로 발원하여 시내를 흘러내리는 동안 폐수가 되어 주검처럼 밀려 내려간다. 그러나 광주천에서도 물고기가 햇살을 받으며 물 위를 비상하던 때가 있었다. 그땐 광주천변에서는 무등산의 갈대가 나무꾼의 지게 위에서 갈꽃을 피웠다. 또한 천변 빨래터의 여인들이 풍속도처럼 아름다웠다. 지금 생각해 보면 한 폭의 군선도群仙圖를 보았던 것만 같다. 그런데 오늘날의 물에는 죽음이 있을 뿐이다.

별나게 무더웠던 올여름은 더위만큼이나 행락 질서도 무질서가 극을 이루었다고 매스컴들은 떠들어댔다. 나의 눈에도 인간오염이 훤히 들여다보이는 것 같다. 인천 앞 바다 고기의 떼죽음도, 여천만에서 패류가 썩어 가는 것도, 우리 자신이 범인이 아닐까 하는 생각이 미치자, 나는 스스로 고개가 숙여지는 것이다.

나는 이제 옷깃을 다시 여미고 어항 앞에 두 손을 모둔

자세로 생각에 잠겨 본다. 광주천에 아름답고 싱싱한 고기떼가 미녀처럼 유영遊泳하면 얼마나 즐거운 광경일까? 그러면 광주는 환상의 도시가 될 것이다. 시냇물 속에 소우주가 있고 꿈의 세계가 펼쳐질 것이다. 밤이면 호수 되어 달이 뜰 것이다. 이사 가서 오동나무에 걸린 달을 보고 감격하여 집값을 더 지불했다는 백낙천이 부럽지 않을 것이다. 호심湖心에 곱게 비치는 자신을 발견한 시민들은 한때나마 몰아지경沒我之境에 들게 될 것이기 때문이다. 도회 생활의 피곤을 잊고 하루하루가 즐거울 것이며 삶은 보람찰 것이다. 만나는 사람마다 호심의 소우주를 찬탄하며 즐거운 인사를 나누리라.

광주천에서 개구쟁이들이 멱을 감고 잠수도 하며 손에 다슬기나 우렁이를 잡아 올린다면…. 우리들 주변의 냇가 어디서나 이런 신나는 광경이 예삿일처럼 된다면 만금보다 더한 보배가 아닐까.

산과 내, 아니, 돌멩이 하나, 풀 한 포기, 우렁이 한 마리가 모두 소중한 자연이 아닌가? 자연, 이것은 어느 한 사람의 소유가 될 수 없다. 임자가 없으니 우리 모두의 것이다. 자연을 잘 보존하여 말 그대로 금수강산으로 가꾸는 날, 우리는 무궁한 복을 누릴 것이다.

"인간은 자연에서 태어나 자연의 혜택 속에서 살고 자연으로 돌아간다."

자연보호헌장의 첫 구절이다. 이 헌장은 자연을 자연스럽게 보존하려는 국민 모두의 의지의 집약이다. 이 의지가 실현되는 날 낙원은 우리 앞에 펼쳐지리라.

아! 벌써 낙원의 씨를 싹틔우는 내 마음의 어항 속엔 달빛이 머물고 대자연의 향연이 펼쳐지고 있다.

---

* 느그덜 [대] '너희'의 방언(경남, 전라).
* 앵키다 [동] '붙잡히다, 잡히다'의 뜻을 가지고 성가심을 당한다는 속뜻을 가지고 쓰이는 방언(전라). ☞『우리말샘』의 방언으로는 미등재.

나의 꿈, 나의 비전

나는 수필(에세이)입니다.

나는 일반 산문이요, 문장으로 말하면 '토의적인 문장'입니다. 소재에서 '새로운 느낌', '새로운 의미', '새로운 해석' 등을 발견하면 이것이 작의作意가 되어 쓰게 되는 비창작적인 글입니다. 나는 '율격'에 얽매이지 않지만 '시를 품은 글'이 되기를 바랍니다.

사실事實이 없으면 나도 없습니다.

생활은 체험이요, 체험은 소재가 됩니다. 체험이 머릿속에 저장될 때 사실대로 저장되지 않는답니다. 그러니 사실을 진솔하게 쓸 수도 없을 뿐더러 용케 썼다고 하더라도 그 글은 문학은 아닙니다. 나는 사실의 소재를 제재로 삼아 작품 안으로 끌고 들어와서 문학화 작업을 하게 됩니다. 이 점이 작품 밖에서 허구화하는 시나 소설과 크게 다른 점입니다. 나는 이 과정에서 비유를 만나 문학적 생명을 얻게도 됩니다.

몽테뉴는 나의 시조입니다.

시조께서는 1580년에 『수상록(Essais)』을 내셨습니다. 한국의 송강 정철이 지은 「관동별곡」과 같은 해에 지어졌지요. 시조께서 「저자로서 독자에게」 한 말씀은 『수상록(Essais)』에 대해서 여러 가지를 생각하게 합니다.

> 독자는 여기 성실이 서書와 접할 것이다. … 이 글을 쓰는 데 있어 내 사생활 이 외의 것을 전혀 기획하지 않았다. … 독자여 이 책의 주제는 내 자신이다.(백철: 문학개론)

성실한 마음으로 쓴 책이라 했습니다. 내 사생활을 썼으니 화자는 1인칭 '나'일 수밖에 없으며, 항상 자기의 내계內界를 보았습니다. 자신에게 스스로 묻고 답하는 '대화적인 독백의 문학'입니다. 이 말들은 에세이의 형식은 상상적·허구적이 아닌 '있는 그대로'의 사실에 대한 '사실의 소재 형식'임을 말하고 있습니다.

몽테뉴보다 242년 뒤에 태어난 찰스 램은 『엘리아 수필집』을 내었습니다. 그 중 한 작품, 「꿈속의 아이들」은 많은 이야기를 들려줍니다.

> 아이들은 어른들의 어린 시절에 관한 이야기를 듣고 싶어 하고, 상상력을 펼쳐서 자기들이 한 번도 본 일이 없는 전설 같은 종조부라거나 할머니라는 분이 어떤 분인가 알고 싶어 한다. 요전 날 저녁, 내 어린것들이 내 곁으로 기어와서 그들의 종조모가 되는 필드 할머니에 관한 이야기를 들으려 했던 것도 이런 마음에서였을 거다.(양병석 옮김: 「꿈속의 아이들」의 서두)

「꿈속의 아이들」을 두고, '에세이'가 '창작에세이'로 진화했다고들 말합니다. 화자 '나'가 램에 와서는 3인칭 시점 '그'로 바뀌었고, '상상의 날개를 펼쳐서'라는 구절 에 따른 내용 때문입니다. '내 어린것들'은 환상 속의 아이들입니다. 램은 정신 질환을 앓는 누이를 돌보며 평생 독신으로 지냈으니 아이들이 있을 리 없지요. 수필에 상상을 끌어들여 나를 창작문학의 반열에 올려놓았지요. "내 어린것들이 내 곁으로 기어와서"라고 했는데 이것 자체도 환상입니다. 창작수필은 사건들을 창조적으로 배열하여 '있었던 이야기'를

'있을 법한 상상적 · 허구적 이야기 세계'로 바꿔 놓습니다. 이것을 '허구적 사실의 소재 형식'이라고 합니다.

내 현재의 모습은 창작수필(창작에세이)입니다.

에세이가 지난 약 5백 년 간 창작문학 쪽으로 진화하여 세상에 나타난 모습이 현재의 제 모습입니다. 나는 시·소설·희곡에 이은 또 다른 창작문학으로 진화한 것이지요. 갑오경장 무렵에 한국에 들어와 한국의 풍토 속에서 부대끼며 잡초 속에서 변모하며 살아남은 모습이 창작에세이인 것입니다. 한국에서 길을 잘못 가게 된 에세이도 이제 몽테뉴 본래의 길을 찾았으면 좋겠습니다.

나도 소설처럼 '수필'이란 이름만 따왔어야 옳았습니다.

갑오경장 이후, 문학 이론적 혼돈과 오류의 암흑 속에서 대다수는 지금도 방황하고 있습니다. 수필가 스스로가 현대문학 이론을 공부하지 않은 탓입니다.

피천득의 「수필」은 원래 시였고, 「인연」은 원래 소설이었다고 합니다. 교과서에서 시와 소설을 수필로 공부한 사건을 어떻게 받아들여야 할까요. 「수필」은 '수필 시' 즉 '산문의 시'요, 「인연」은 '수필 소설'이라고 비평, 조명하여 참다운 문학적 가치를 밝혀주는 비평가가 없었던 것입니다.

나의 현재 모습인 여러 창작 양식은 에세이 원래의 '시험하다'의 정신을 살려가는 일입니다. 나는 창작 양식을 시험하면서 나의 존재를 확인합니다. 「수필」에서처럼 전체에서 시격詩格을 얻는 방향이요, 「인연」에서처럼 승화된 단편으로 나아가는 방향이면 좋을 듯합니다.

3천5백여 수필가들이여! 자기 혁명의 촛불을 켭시다.

나는 '수필의 현대문학 이론화'도 촛불 혁명이 되기를 바랍니다. 현대문학 이론화의 촛불 혁명! 혁명의 촛불을 본인의 수필 작법에 적용만 하면 혁명은 완수됩니다. 이론이 없는 작품은 열매를 맺지 못하기 때문입니다.

나는 변용을 계속할 것입니다. 시와 만나면 '운문(시) + 산문(수필)의 양식의 작품, 즉 '시적 정서의 산문적 형상화 양식'의 작품이 될 것입니다. 소설과 만나면 '수필 + 소설, 즉 '수필 소설'이 되고', 희곡과 만나면 '수필 + 희곡'의 '수필 희곡'이 되며, 동화와 만나면 '수필 + 동화'의 '수필 동화'가 되고, 학문과도 어우러질 것입니다.

나는 이와 같이 천태만상의 얼굴로 나타나면서 시격詩格을 얻고, 승화된 단편으로 변용할 것입니다. 시적 영감과 소설적 서사의 진액만 취한 '산문의 시'가 되어 모든 장르의 중심부에서 '산문의 꽃'으로 피어날 것입니다. 이것이 나의 꿈이요, 나의 비전입니다.

문창수, 무얼 말하고 있을까

문창수文創隨는 창작문예수필의 애칭이네. 작명의 철학은 아리스토텔레스 『시학』의 Plot론에 근거헌다네. 사실의 소재, 즉 원이름인 '창작문예수필'을 창조적으로 배열하여 애칭을 하나의 존재로 보는 이름일세.

> 백인들은 그들이 인간이라고 말해 줄 사람이 필요하지 않다. 그러나 흑인들에게는 필요하다. 말콤이 우리에게 말한 것은 우리도 '인간'이라는 사실이었다.(김준태: 『세계문학의 거장을 만나다』, 알레스 헤일리; 『말콤 X』).

'한 흑인 극작가의 회고가 무엇 하려고 지금 떠오른다

냐.' 수필의 뿌리를 찾아보고 싶은 이때에…. 문창수는 말콤이 되어 몇 갈래 뿌리를 더듬어 진화 과정을 알아보러 떠나는 여정이다. 말콤이 '우리도 인간이라는 사실'을 말하고 싶었던 것처럼 수필도 문학이라고 말하고 싶어서인 것이다.

엣세(Essais)의 프랑스 말의 뜻은 '시험해 본다.'이네. 현대 수필의 시조로 추앙 받는 몽테뉴는 책을 많이 읽어, 여그저그서 좋은 글귀를 풍부하게 인용하는 것이 대표적인 특징이라네. 자신의 이약1) 을 성실히 썼다고 허대. 엣세는 태어나자마자 영국으로 건너갔네. 입향순속이라고, 이름부터 '에세이'라고 부르기 시작했다네. 제일 반겨 준 이는 베이컨으로 주로 객관적인 포멀에세이를 쓴 분이네. 그의 문장은 비유법의 연속이었다네. 그 후 찰스 램의 「꿈속의 아이들」에서는 '꿈속'의 이야그가 끼어들었다네. 그게 상상이고 허구지 무엇이것능가. 그렇께 앞에 두 분은 '있었던 이야기'를 썼다면, 램은 '있을 법한 이야기'를 썼던 것이네. 몰톤의 분류로 말하면 앞엣것은 토의적 문학이라고 하는 산문이고, 뒤엣것은 시, 즉 창조적 문학이라네.

모든 일에는 계기가 있능개비네. 1894년에 동학혁명이 일어났던 해에 갑오개혁 운동이 일어났능가4) 안. 그때를 기점으로 모든 예술이 동양의 문장론적 작법론을 버리고, 서구 문학 이론의 창작론을 받아들였네. 에세이도 슬그머니 그때에 따라들어 왔네.

최남선 선생이 「가을」(1907)이라는 작품으로 반겼네. 멩년[2] 이면 한국에서 태어난 지 100주년이 되네. '한국 산문의 시문인협회'에서 문학계 인사들을 초청해서 소문 안 날 잔치를 준비헌다고 허대. 소문 난 잔치는 먹을 것 없응께 말이시.

지난 한 세기는 수필의 암흑기였네. 에세이와 '붓 가는 대로' 쓴 '기존의 수필'과 창작문예수필이 뒤섞여서 옥석을 가릴 수 없었으니까. 천만다행인 것은 문창수의 본성을 발견한 이관희란 분이 이름도 지어주고, 이론도 창안한 것이네. 긍께 대한민국이 '창작문예수필'의 종주국이 되었다는 것 자네는 아는가. 수필계가 성숙해지면 그때게는 기냥 에세이와 수필로 불릴 것이고, 겔국 수필 하면 당연히 창작문예수필을 말할 날이 올 것이네.

그란디 '붓 가는 대로'나 '무형식의 형식'은 어디로 가부렀당가. 그건 공식적으로 페기처분 당했네. '창작문예수필 작가회'에서 지난 2015년 1월 28일에 '현대문학이론화 운동 선언문에서 그랬다대. 왜 그랬당가. 이론이 될 수 없는 메모 방식의 글쓰긴 디, 지난 한 세기가 넘도락까장 수필계의 유일무이한 이론 행세를 한 죗값이것제.

시방 창작, 창작함시롱 있는 디, 그게 무엇이랑가. 지금 수필계에서 말하는 상식적인 개념 말고, 현대문학 이론에서 말하는 창작 개념으로다가 말이네. 그거 쪼매 갤쳐 줄랑

가. 그러면 조연현 교수님한테 들어 봐사 쓰것네. 물어보기 전에, 우리에게 창작이란 고유한 개념은 없었다는 것, 창작 문학이란 용어를 우리 용어로 다듬어 확립한 분이 김동리 교수였다는 것을 알아두소.

> 창작 문학은 시에 속하는 문학으로서 그 문장 형식 여하를 불구하고 '존재의 총계에 부가'하는 창조적인 문학이 된다는 것이네. 그것이 한 인물의 창조든 어떤 사건 하나의 창조든 문장으로 창조된 내용은 그것이 역사상의 그것에 일치하든 않든, 그것이 현실에 실제로 존재하든 존재하지 않든, 신의 창조에 의해서 마련된 우주의 한 부분과 똑같은 의미를 갖는 것이 된다고 설명하고 있네.(조연현: 『개고 문학개론』 정음사, 1973. 46쪽)

어허, 짊은[3] 속뜻은 앙것도[4] 모르것네그려. 첨머나[5] 알아사 쓸 것은 '시에 속하는 문학'이란 무엇인가 하는 말뜻이네. 여그서 시는 '창작'의 뜻이라고 허대. 『시학』을 지대로 번역 한다면 『창작학』 또는 『창작론』이라고 헌 것을 보면 눈치 채야 안 쓰것다고. 그 다음의 '문장 형식 여하를 불구하고'는 무신 뜻인지 알랑가 몰라. 에끼 이 사람, 더 어려운 걸 어치께[6] 알것능가이잉. 그것은 껍딱[7]으로 구별되는 것이 아니고 그 속을 디레다봐[8]사 안닥 허대. 춘향이

매맞음시롱 문자 쓰데끼 해보자면 '사실의 세계'냐 '가능한 세계'냐, 하는 것으로써 구별된다네. 그렁께 그 차이는 문장의 형식인 '율문 대 산문'에 있는 것이 아니고, 문장의 성질인 '창조' 대 '토의'에 있다는 것이라대. 그러면 '존재의 총계에 부가'라는 말씀은 머당가? 그 말은 문학이 창작하는 것은 조물주가 창조한 사물의 총계, 즉 삼라만상에다가 작가가 상상력의 세계에서 창작한 창작물인 존재론적 사물의 형상물을 하나 더 보탠다는 뜻이라고 허대야. 아리스토텔레스의 『시학』 이래 오늘날까정 끊임없이 논의되고 있는 '문학의 형상 창작론'이라고 말허대. 마지막으로 그러면 '문장으로 창조된 내용'이란 무슨 뜻이라고 하던가? 그것은 화가가 그림을 그리데끼 '문장으로 꽃을 그려낸다.'란 뜻이라대. '그려낸다' 그 말은 유식헌 말로는 형상화라고 허대야.

문예창작의 기본 작법은 '이것'을 '저것'으로 변형, 변용시키거나 '이것'과 '저것'을 합쳐서 제3의 새로운 존재 대상을 만들어 내는 것이라네. 우그서 말했듯이 신은 창조하고자 하는 대상 사물을 직접 있게 — 존재하게— 맹글고 있지 않는가. 근데 사람은 독팍[9] 한 개도 실제로 있게는 만들 수 없네. 사람이 헐 수 있는 창작은 이무[10] 있는 것을 가지고 변형, 변용시키거나, 혹간에 두 개 이상 다른 것들을 합쳐서 제3의 새로운 존재 대상을 만들어 낼 수밖에 없는 것이네.

아따 한 개도 모르것네야 그려. 모를 게 당연지사지. 콩 심군 디 콩 나고, 퐃 심은 디 퐃나는 벱인 디. 책을 안 보고 공부를 안 했응께 모르지. 그먼 무신 책을 봐사 쓰께. 쬐깐 갤차 줄랑가. 어르신네가 그란디 우선 쉬염에 불이라도 끌라면 『문학개론』 두 권은 읽어사 쓴닥허대. 최초로 수필을 독립 항목으로 잡아서 논한 백철 교수의 것하고, 우게서도 보았제마는 조연현 교수 것 아니것능가. 그러면 이제라도 보지란히 읽어서 놈들이 허는 말, 알아먹기나 해사 쓰것네 그려. 아먼 그래야지.

사람이 살다보면 친불친이 안 있다고이잉. 자네는 무신 장르하고 친한가? 진 말 헐 것 없네. 20세기에 들어서면서 '서정시를 방불케 변해간 informal essay'네. 제씨가 말해 온 '심적 나체', '심경의 문학', '수필의 시격', '수필은 마음을 놓을 자리에 놓는 글'이란 말들은 모다 수필의 속성 중에서 서정시에 닿아 있는 말들이네. 리드(H. Read)는 '시가 앉을 자리에 수필이 앉아 있다.'는 말로써 수필이 창작적인 변화를 진행하여 가는 동안 시문학에 가까이 접근하여 간 것을 지적했다네. 그래서 창작문예수필을 '산문의 시'라 하고 있지 않은가. 이 말은 시 정신(poetry)의 산문적 형상화 문학이란 말이네.

그라제마는[11] 달리는 경계 문학이랄 수 있다네. 시와 소설은 물론 다른 모든 문학 장르를 뛰어넘어 미술이나 음악,

무용, 영화까지도 그것들과 사이의 경계에 위치하는 퓨전 문학 양식이네. 그렇다보니 타 장르 양식을 융화적으로 얼마든지 원용해 올 수 있다네. 그러니 이제 변방문학 시대를 청산하고 문학의 중심부에 서게 될 날도 멀지 않았다네. 문학의 중심부에 서서 모든 장르를 포용할 시대가 곧 열릴 것으로 꿈꾸어 본다네.

뿌리 찾기 여정을 마치고 돌아오는 문창수의 동공에는 저쪽 산모롱이에서 뚜벅뚜벅 걸어오는 『말콤 X』가 흐릿하게 나타나고 있었다.

---

* 잪다 [형] '싶다'의 방언(전라)
* 뿌렁구 [명] '뿌리'의 방언(경남, 전남).
* 1) 이약 [명] '이야기'의 방언(경남, 전남).
* 2) 멩년 [명] '명년'의 방언(전남).
* 3) 짚다 [형] '깊다'의 방언(강원, 경기, 경상, 전라, 충청, 경, 중국 길림성, 중국 흑룡강성).
* 4) 앙것도[앙:것도] : '아무것도'의 방언(전남).
* 5) 첨머냐 [부] '처음에'의 방언(전라).
* 6) 어치께 [부] '어떻게'의 방언(전남).
* 7) 껍딱 [명] '껍질'의 방언(경상, 전남). ☞『우리말샘』의 방언 지역에 '전남'은 미등재.
* 8) 디레다보다 [동] '들여다보다'의 방언(강원, 전남, 함남). 『우리말샘』의 방언 지역에 '전남'은 미등재.

* 9) 독팍 명 '돌'의 방언(전남).
*10) 이무 부 이미'의 방언(전남, 평북). ☞『우리말샘』의 방언 지역 에 '전남'은 미등재.
*11) 그라제마는 부 '그렇지만'의 방언(전남). ☞『우리말샘』의 방언으로는 미등재.

■ 연보

1943. 광주(光州) 출생

1952.~1966. 본량서국민학교·조대부중·광주고등학교·광주교육대학 졸업

1966.~1995. 초·중·고 교사(군복무(1966.~1969.) 제외)

1971. 중등학교 교사 고시검정 합격(국어)

1982.~1985. 한국방송통신대학교 행정학과 졸업

1994.~1997. 한국교원대학교 대학원 졸업(교육학과 교육행정 전공)

1995.~2001. 중등 교감·장학사

1971. 중등학교 교사 고시검정 합격(국어)

1982.~1985. 한국방송통신대학교 행정학과 졸업

1994.~1997 한국교원대학교 대학원 졸업(교육학과 교육행정 전공)

2001.~2008. 운남중·광주고등학교 교장(정년퇴임)

2007. 『光高문학관』개관·『광고문학상백일장』(광주·전남 중등학생. 2007.~현)

2007. 『光高문학관』·『光高문학상백일장』 운영위원장(2007.~현)

2008.~2010. 광주광역시문인협회 회장

2008. 『전라방언 문학 용례사전』 편찬(2008.～현)
2008. 조선대학교 입학사정관
2010. 제9회 박용철문학상 수상
2013.～2015 생오지문예창작대학 출강
2014.～2018. 창작에세이작가회 회장
2016. 『한국 창작에세이 문인협회』 제2기 지도자(2016～현)
2018. 『한국 산문의 詩 문인협회』 회장(2018.～현)
2017. 현재 『한국 산문의 詩 문인협회』 광주교실 지도교사(2017.～현)

현대수필가 100인선 II · 89
오덕렬 수필선

무등산 복수초

초판인쇄 | 2019년 3월 05일
초판발행 | 2019년 3월 15일

지은이 | 오 덕 렬
펴낸이 | 서 정 환
펴낸곳 | 수필과비평사 · 좋은수필사

주 소 | 서울시 종로구 삼일대로 32길 36.
(익선동 30-6)운현신화타워 305호
전 화 | 02)3675-5635, 063)275-4000
등 록 | 제300-2013-133호
홈페이지 | http://www.shinapub.com
e-mail | essay321@hanmail.net

값 8,000원

ISBN 979-11-5933-214-2 (04810)
ISBN 979-11-85796-15-4 (세트) 04810

이 도서의 국립중앙도서관 출판시도서목록(CIP)은 서지정보유통지원시스템 홈페이지(http://seoji.nl.go.kr)와 국가자료공동목록시스템(http://www.nl.go.kr/kolisnet)에서 이용하실 수 있습니다.(CIP제어번호: CIP2019010361)